ルイ・アームストロングのことば

✷ルイ・アームストロングのプロフィール

ルイ・アームストロング　生年月日 1901年8月4日（1971年7月6日没《ぼつ》）

アメリカのジャズトランペット奏者《そうしゃ》、歌手。ルイジアナ州ニューオーリンズ生まれ。独創的《どくそうてき》な音楽性《おんがくせい》やアイデア、高度な演奏《えんそう》技《ぎ》術《じゅつ》で、ジャズという音楽の基本《きほん》を作った「ジャズの王様」。映画《えいが》にも多数出《しゅつ》演《えん》。

「自分の中に入っていないものは、演奏《えんそう》することはできない。」

28

「わたしはいつも音楽を愛《あい》していた。だから楽器《がっき》が何であろうと、だれが演奏《えんそう》しようと、演奏《えんそう》がよければそれでよかった。」

33

「わたしの演奏《えんそう》は芸術《げいじゅつ》ではなく芸能《げいのう》だ。」

36

「そりゃだれだって問題をかかえていますよ。でも歌ってのはプリティーなものなんです。」

40

「肝心《かんじん》なのは聴衆《ちょうしゅう》のために生きることなんだ。聴衆《ちょうしゅう》のためにわたしたちがいるんだから。」

45

「大統領《だいとうりょう》は腰《こし》ぬけだ。」

48

「わたしたちが演奏《えんそう》しているのは人生なんだ。」

52

ルイ・アームストロングの人生

この本の使い方

この本は、前からでも後ろからでも
読むことができます。

前の方では、ルイ・アームストロングのことばから生きかたを知り、生い立ちもわかるようになっています。後ろの方では、ルイが生きた時代や、かかわった人など、ルイのことをいろいろな面から知ることができます。好《す》きな方から読んでみてください。

この本の内容《ないよう》について

- 掲載《けいさい》している「ことば」は、本人が実際《じっさい》に発したことばのほかに、本人あるいは第三者が伝記《でんき》などの形で書き記したものもあります(文章の一部を抜粋《ばっすい》している場合もあります)。また、わかりやすいように、意訳《いやく》して紹介《しょうかい》していることもあります。
- 掲載《けいさい》している「ことば」は、いつ発したのかわからない場合も多く、その前後にあるエピソードの時代と必《かなら》ずしも一致《いっち》していません。
- 紹介《しょうかい》しているエピソードあるいは生没年《せいぼつねん》などには、諸説《しょせつ》ある場合がありますが、参《さん》考文献《こうぶんけん》等に基《もと》づき、比較的《ひかくてき》知られているものを紹介《しょうかい》しています。
- 絵は、ことばや背景《はいけい》の理解《りかい》を助けるためのイメージです。人生の細部にわたって資《し》料《りょう》が残《のこ》っているケースは少なく、想像《そうぞう》で補《おぎな》って形にしています。

ルイ・アームストロングのことば

音楽は
わたしが生まれた日から、
その血の中に流れていた
ものだった。

ルイ・アームストロングの原点は、子ども時代、町のあちこちで流れていた音楽でした。貧《まず》しいくらしの中でも、音楽だけは十分すぎるほど吸収《きゅうしゅう》できたのです。故郷《こきょう》ニューオーリンズの音楽がルイにあたえた影響《えいきょう》はとても大きく、「わたしはいつも、ニューオーリンズのスタイルをやっているのさ」と後年になっても語っています。

エピソード 1

ニューオーリンズのスラム街《がい》に生まれ、音楽にかこまれて育つ

ルイ・アームストロングが生まれたのは１９０１年８月４日です。育ったのは、アメリカ南部のルイジアナ州ニューオーリンズのスラム街《がい》。家は、物騒《ぶっそう》なジェイムズ横丁にあり、ルイが生まれた晩《ばん》も通りではげしい撃《う》ち合いが起きて死人が出たほどでした。父の名はウィリー、母はマ

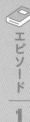

ヤン。2人はけんかがたえず、ルイが生まれてすぐに別居《べっきょ》。はたらく母にかわって祖母《そぼ》のジョセフィンが白人家庭の洗濯《せんたく》や掃除《そうじ》をしながらルイを育て、日曜には教会へもつれて行きました。心をこめて讃美歌《さんびか》を歌う男の子が、のちに世界的《せかいてき》なジャズのトランペット奏者《そうしゃ》になると、だれが想像《そうぞう》したでしょう。5歳《さい》のときルイは、病気になった母と幼《おさな》い妹の世話をするため、母のもとにもどりました。ルイは後年、貧《まず》しい人やこまっている人にためらうことなく援助《えんじょ》しましたが、その慈悲《じひ》深さは母親ゆずりでした。マヤンは、自分も貧《まず》しいのに、自分よりこまっている人に自《し》然《ぜん》と手を差《さ》しのべる人だったのです。

ルイたちがくらした町には安酒場が多く、どの店からもジャズが流れていました。ジャズは、南部の黒人の間で生み出され、ニューオーリンズを中心に広がっていった大衆《たいしゅう》音楽です。楽団《がくだん》が町を行進し、葬式《そうしき》でもジャズを奏《かな》でる町で育つうちに、ルイは演奏《えんそう》だけで奏者《そうしゃ》を聞き分ける耳を持ちます。中でも好《す》きだったのは、ジョー・オリバーのコルネット（トランペットに似《に》た金管楽器《きんかんがっき》）の音色でした。ルイは5～6歳《さい》にして、彼《かれ》の音の魅力《みりょく》を感じ取っていました。

ルイ・アームストロングのことば

星に願《ねが》いをかけさえすれば、どんな身分や境遇《きょうぐう》でもちがいはない。心が望《のぞ》むものは何でもかなう。それが「本当」だ。

ルイは、治安《ちあん》の悪い環境《かんきょう》で育ち、悪い道に入ってもおかしくない幼少期《ようしょうき》をすごしました。しかしルイにとってその町は、いたるところで音楽がひびく、とびきりの町。生まれた境遇《きょうぐう》をなげくことなく、音楽を愛《あい》し、夢《ゆめ》見ることをやめませんでした。「わたしも、ずっと前から“夢《ゆめ》見る男”だからさ」と笑《わら》い、それを実現《じつげん》させたのです。

エピソード｜2

町で銃《じゅう》を発砲《はっぽう》して逮捕《たいほ》。収容《しゅうよう》された少年院でコルネットをおぼえる

ルイは、地元の仲間《なかま》と4人で四重唱団《しじゅうしょうだん》を結成《けっせい》しました。口の大きなルイのニックネームは「ディッパー（がま口）」。高音を歌うテノールというパートを担当《たんとう》し、町角で歌っては少しばかりのお金をかせいでいました。

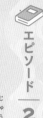

ルイが11歳《さい》の大みそかの晩《ばん》です。通りでクラッカーが打ち鳴らされるお祭りムードの中、調子に乗ったルイは、家から持ち出していたピストルを空に向けて何発も撃《う》ちました。すると、居合《いあ》わせた警察官《けいさつかん》に現行犯《げんこうはん》逮捕《たいほ》されてしまったのです。ルイは少年院送りになりました。はじめは後悔《こうかい》と絶望《ぜつぼう》のどん底《そこ》におちいったルイでしたが、そこで、将来《しょうらい》を決める経験《けいけん》をします。少年院には、大工や庭仕事など好《す》きなことを習える制度《せいど》があり、ルイはまよわず音楽を選《えら》び、少年院のブラスバンドであこがれのコルネットの吹《ふ》き方を教わる機会《きかい》を得《え》たのです。はじめて習った曲は『ホーム・スイート・ホーム』。日本でも『埴生《はにゅう》の宿』の名で親しまれている曲です。ルイは、上手に演奏《えんそう》できるようになりたいと強く思い、先生の言う通り一生懸命《いっしょうけんめい》練習しました。

　ある日、ルイの家の近所を、少年院のブラスバンドがパレードしたことがあります。町の人々《ひとびと》は、上手にコルネットを吹《ふ》くバンドリーダーがルイだと気づくと、喜《よろこ》んでほうびのお金をくれました。それは、楽団《がくだん》全員にユニフォームと楽器《がっき》を新調できるほどの金額《きんがく》でした。

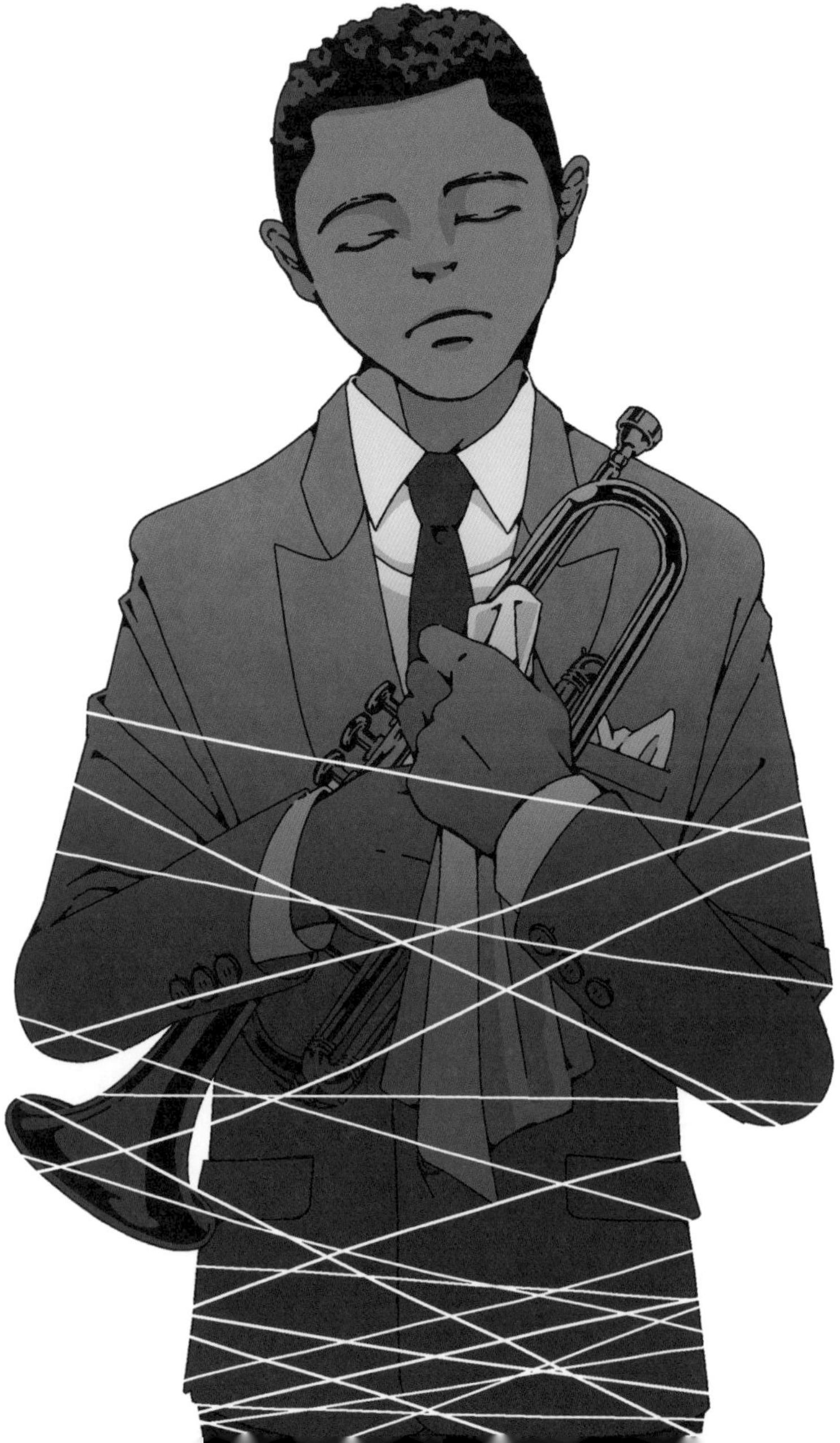

ルイ・アームストロングのことば

途中《とちゅう》で
あきらめちゃいけない。
あきらめたら、
得《え》るものよりも
失《うしな》うもののほうが
多くなってしまう。

「やるだけのことをやっていれば、負け犬にもいつも助けの手は、のびるのだと信《しん》じてきた」。そう語るルイは、努力《どりょく》の人です。はたらきながら演奏《えんそう》のチャンスをさがし、楽器《がっき》が買えなければ声で練習しました。あきらめずにがんばれば、だれかが見ていてくれる。それを経験《けいけん》したルイは後年、がんばる人をこのようにはげましています。

エピソード 3

偉大《いだい》なコルネット奏者《そうしゃ》ジョー・オリバーに才能《さいのう》をみとめられる

少年院を出所したルイは、石炭運びや新聞売りなどの仕事をはじめました。町には、おもちゃのラッパでブルースを吹《ふ》きながら廃品回収《はいひんかいしゅう》をする人がいて、ルイはその人を手伝《てつだ》いながらブルースを教わり、「♪ストーンコール、バケツ1杯《ばい》15セント！」とブルースのメロディーに乗せて

石炭を売り歩きました。時おり酒場で演奏《えんそう》しましたが、自分のコルネットを買うお金などなく、質屋《しちや》で借りる日々《ひび》でした。そんなルイに愛用《あいよう》のお古の楽器《がっき》をゆずってくれたのが、ルイがあこがれてやまない町一番のコルネット奏者《そうしゃ》、ジョー・オリバーです。

オリバーは、ルイを息子《むすこ》のようにかわいがりました。無料《むりょう》レッスンをしてルイを育ててくれた恩人《おんじん》で、ルイも彼《かれ》を「パパ・ジョー」と呼《よ》んで慕《した》っていました。病気の恋人《こいびと》を医者にみせるお金もなく、人生に絶望《ぜつぼう》していた17歳《さい》のルイに手をさしのべたのもオリバーでした。事情《じじょう》を知ったオリバーは、自分のかわりに店で2晩《ばん》演奏《えんそう》させてくれたのです。自信《じしん》がないとしりごみするルイにオリバーは、「店で何か言われたら、わたしがおまえをよこしたとお言い」と背中《せなか》をおしました。オリバーが代役にみとめたということは、それだけの腕《うで》があるということ。店主もまよわず、ルイをステージに上げてくれました。

やがて1918年夏、ジョー・オリバーはアメリカ北部のシカゴから出演《しゅつえん》依頼《いらい》を受け、活動の場を移《うつ》すことにしました。ルイは悲しみと感《かん》謝《しゃ》の気持ちを胸《むね》に、オリバーの汽車を見送りました。

ルイ・アームストロングのことば

メロディーを
忘《わす》れてはいけないよ。
メロディーをストレートに
吹《ふ》いてスイングさせられれば、
それが一番さ。

スイングとは、ジャズにとても重要《じゅうよう》な、自由で軽快《けいかい》なリズムのことです。コルネットを習ったころ、技術《ぎじゅつ》を見せつけようとしたルイにオリバーは「もっと心をこめてメロディーを吹《ふ》け」と、言いました。そのことばはルイの胸《むね》にきざまれたのでしょう。聴《き》く人にその曲の印象《いんしょう》として残《のこ》るメロディーを、決しておろそかにしませんでした。

エピソード 4

ニューオーリンズ1の人気バンド、キッド・オリーの楽団《がくだん》に入団《にゅうだん》

オリバーがニューオーリンズを去ったのは、戦争《せんそう》の影響《えいきょう》もありました。１９１４年にヨーロッパで第一次世界大戦《たいせん》がはじまり、１９１７年にアメリカが参戦《さんせん》すると、治安《ちあん》の悪い安酒場一帯《いったい》が閉鎖《へいさ》されて演奏《えんそう》の場がへったのです。それでもルイは、オリバーの後任《こうにん》としてキッド・オリー楽《がく》

団《だん》にむかえられます。オリバーやバンドのメンバーが、リーダーのキッドにルイを推薦《すいせん》したからです。ルイは、オリバーを駅で見送ったその晩《ばん》から、ニューオーリンズ1の人気バンドの花形コルネット奏者《そうしゃ》になりました。喜《よろこ》びをあらわすようにルイはその晩《ばん》のステージで吹《ふ》きまくり、その演奏《えんそう》は、バンドのメンバーまでが聴《き》き入ってしまうほどでした。

　人気の出たルイは、ほかのバンドにたのまれて演奏《えんそう》に参加《さんか》することもありました。それでも音楽だけで食べていくことはできず、昼間は石炭運びなどをしてお金をかせいでいました。１９１８年11月11日、ルイがいつものように石炭をレストランに運び、シャベルですくって下ろしていたとき、大きな缶《かん》を引きずった数台の車が、派手《はで》に音を立てて通りを走りぬけました。それが終戦《しゅうせん》のお祝《いわ》いだと聞くと、ルイは石炭車を引かせていたロバに「あばよ」と声をかけ、石炭の山も車もそのままにして帰ったのです。「石炭の仕事はやめた。これからは好《す》きなように音楽をやるんだ」と、ルイは母に言いました。戦争《せんそう》でしずんでいた町は明るさを取りもどし、ルイはキッド・オリー楽団《がくだん》やほかのバンドで、毎日思う存分《ぞんぶん》コルネットの音色をひびかせました。

ルイ・アームストロングのことば

1日練習しなかったら
それがわかる。
2日練習しなかったら
批《ひ》評《ひょう》家《か》にわかる。そして
3日練習しなかったら
世間にわかる。

「わたしはつねに自分の音楽に対してシリアスだった」ということば通り、ルイは音楽にいつも真剣《しんけん》でした。若《わか》いころは、夜8時から明け方まで演奏《えんそう》して家で1～2時間仮眠《かみん》し、石炭運びに行くという具合で、寝《ね》る間を惜《お》しんでコルネットを手にとりました。メンバーが酒に酔《よ》って演奏《えんそう》したときも我慢《がまん》ならなかったと話しています。

エピソード 5

故郷《こきょう》を出てシカゴへ。師匠《ししょう》オリバーのバンドの第2コルネット奏者《そうしゃ》として活躍《かつやく》

1918年、スペイン風邪《かぜ》と呼《よ》ばれる新型《しんがた》インフルエンザが全世界をおそいました。そのあおりで演奏《えんそう》していた店が次々《つぎつぎ》閉店《へいてん》すると、18歳《さい》のルイは故郷《こきょう》とはなれた場所での活動をはじめます。最初《さいしょ》は、大河《たいが》ミシシッピをゆく蒸気船《じょうきせん》リバーボートのバンドに参加《さんか》。沿岸《えんがん》の町々《まちまち》でダンスパ

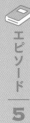

ーティーをもよおしながら北上しました。多くの町では、黒人バンドを見るのも、その音楽を聴《き》くのもはじめての人ばかり。中には人種差別的《じんしゅさべってき》なことばをぶつける白人もいましたが、ルイたちが演奏《えんそう》をはじめると、その軽快《けいかい》なリズムや即興《そっきょう》の楽しさに引きこまれ、「また演奏《えんそう》に来てほしい」とたのむのでした。こうしてニューオーリンズのジャズは、川の流れに乗って２０００㎞もはなれた町まで広がっていったのです。

　１９２２年、21歳《さい》のルイはシカゴにいました。あのジョー・オリバーが、彼《かれ》のバンド「キング・オリバーズ・クレオール・バンド」の第２コルネット奏者《そうしゃ》にとさそってくれたからです。ジョーとルイの共演《きょうえん》は、バンドの評判《ひょうばん》を一気に上げました。ミュージシャンまでが聴《き》きに来て、彼《かれ》らのジャズを自分の音楽に取りこもうと、メロディーなどをワイシャツの腕《うで》に書きとめたそうです。その中には、のちにスイングの王様と称《しょう》され、「シング・シング・シング」などの名曲を大ヒットさせたベニー・グッドマンもいました。

自分の中に入っていないものは、演《えん》奏《そう》することはできない。

「音楽をするとき、何かを考え、感じていなければならない。つまりはその歌の生命を見なければいけない」。これもルイのことばです。音楽は、楽譜《がくふ》が読めれば奏《かな》でたり歌ったりはできますが、同じ曲でも、奏者《そうしゃ》や歌手によって印象《いんしょう》は変《か》わります。ルイの音楽が心を打つのは、ルイの体験《たいけん》や考えが命となって吹《ふ》きこまれているからです。

エピソード 6

リル・ハーデンと結婚《けっこん》。オリバーのもとをはなれる。シカゴで「ホット・ファイブ」録音《ろくおん》開始

ルイは、オリバーのバンドで、リル・ハーデンという女性《じょせい》ピアニストと出会いました。そして恋《こい》に落ち、結婚《けっこん》します。3歳《さい》年上のリルは、ルイの才能《さいのう》を見ぬき、自分の音楽の道を進めと説得《せっとく》しました。若《わか》いころからオリバーを父と慕《した》い、その背中《せなか》を追ってきたルイはまよいましたが、

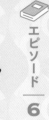

1924年、オリバーのもとをはなれて、ニューヨークへと活動の場を移《うつ》しました。

ルイが参加《さんか》したのは、フレッチャー・ヘンダーソンひきいるヘンダーソン楽団《がくだん》。のちにビッグバンドのブームを作る有名な楽団《がくだん》でした。ビッグバンドとは、15人を超《こ》える大人数で演奏《えんそう》するジャズオーケストラで、トランペットだけでも4～5人いる、迫力《はくりょく》のある演奏《えんそう》をします。当時はまだ10人編成《へんせい》でしたが、それまで少人数で即興的《そっきょうてき》な演奏《えんそう》をしていたルイにとっては、おおぜいで譜面《ふめん》を用いて演奏《えんそう》をするバンドへの参加《さんか》は刺《し》激的《げきてき》な挑戦《ちょうせん》でした。ルイは、自由で軽快《けいかい》なスイングでバンドに新しい風を吹《ふ》きこみ、その人気をさらに上げたのです。

1年後、24歳《さい》のルイはシカゴへもどり、「ルイ・アームストロング&ヒズ・ホット・ファイブ」を結成《けっせい》しました。これも妻《つま》のリルのすすめです。はじめてバンドのリーダーとなったルイは、ジャズの歴史《れきし》に残《のこ》る名《めい》演《えん》を次々《つぎつぎ》と生み出していきます。

ルイ・アームストロングのことば

わたしはいつも
音楽を愛《あい》していた。
だから楽器《がっき》が何であろうと、
だれが演奏《えんそう》しようと、
演奏《えんそう》がよければ
それでよかった。

ルイは、よい演奏《えんそう》ならばジャンルを問わず楽しみました。みずからも、「わたしのやりたいこと、それはジャズからワルツまで、あらゆる種類《しゅるい》の音楽をやることだった」のことば通り、さまざまなジャンルの曲を演奏《えんそう》しています。国や劇場《げきじょう》を問わず、大統領《だいとうりょう》でもギャングでも、子どもの前でも、心をこめて演奏《えんそう》しました。

エピソード 7

楽器《がっき》をコルネットからトランペットへ。ニューヨーク、ヨーロッパ進出。「サッチモ」の愛称《あいしょう》誕生《たんじょう》

1925年ごろ、ルイは楽器《がっき》をトランペットに変《か》えました。コルネットがやわらかな音でほかの楽器《がっき》と調和するのに対し、トランペットは力強く明るい音色で、個性的《こせいてき》なソロ演奏《えんそう》をするのに適《てき》していました。またルイは、歌声も披露《ひろう》するようになります。思わず体を動かしたくなる

〝スイング〟する歌い方をはじめたのがルイで、のちに「ジャズ・ボーカル」と呼《よ》ばれるようになるスタイルを最初《さいしょ》に歌ったのもルイでした。またルイは、歌詞《かし》の合間などに、「ババズジー」「シュビドゥバー」など意味のないことばを即興《そっきょう》で歌うスキャット唱法《しょうほう》も生み出します。ある日、レコードの録音中《ろくおんちゅう》に歌詞《かし》カードを落としたルイが、とっさにこう歌ったのが、スキャット誕生《たんじょう》のきっかけだと伝《つた》えられています。

ルイの楽団《がくだん》はシカゴで大人気となり、1929年にはニューヨークへ拠点《きょてん》を移《うつ》します。白人が集《つど》うクラブなどで演奏《えんそう》し、ルイは好《この》んで高音域《こうおんいき》を出すようになりました。「ハイトーン」と呼《よ》ばれるトランペットの演《えん》奏法《そうほう》も、ルイがはじめたものです。演奏《えんそう》の評判《ひょうばん》はヨーロッパにも伝《つた》わり、ルイは海を越《こ》えてコンサートに行くようになります。そんな1932年、イギリスに着いたルイを現地《げんち》の音楽誌《おんがくし》記者が「ハロー！ サッチモ！」と呼《よ》び止めました。ルイはその口の大きさから、親しみをこめてサッチェル・マウス（かばんのがま口）と呼《よ》ばれていました。聞き慣《な》れないイギリスの発音が、ルイには「サッチモ」と聞こえたのかもしれません。彼《かれ》はこれを気に入り、以来《いらい》世界で「サッチモ」と呼《よ》ばれているのです。

ルイ・アームストロングのことば

わたしの演奏《えんそう》は芸術《げいじゅつ》ではなく芸能《げいのう》だ。

ジャズは芸術《げいじゅつ》かもしれません。でもルイは、それを語るのは人にまかせました。芸能《げいのう》は、観客《かんきゃく》なしでは成《な》り立ちません。自分がやるべきことは、お客さんを喜《よろこ》ばせることだと思っていたのです。「人々《ひとびと》をたたき起こして、『わかる？この音楽は芸術《げいじゅつ》なんですよ』なんて言うようなことはしちゃいけない」。これもルイのことばです。

エピソード 8

かがやくような トランペット・ソロ、ハイトーンの過激《かげき》な演奏《えんそう》をつづけ、くちびるを切る。長期休養《きゅうよう》

1933年から翌年《よくねん》にかけて、ヨーロッパ各地《かくち》で演奏《えんそう》していたルイは、はたらきすぎでくちびるを切るけがをしてしまいました。トランペットは、息を吹《ふ》き出すことでくちびるをふるわせ、音を出す楽器《がっき》です。演奏《えんそう》回数や時間がふえれば、くちびるが痛《いた》くなったりはれたりするのはよく

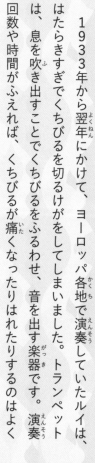

あることでした。ことにルイは高い音を出して演奏《えんそう》したため、くちびるの振動数《しんどうすう》が多く、さらに負担《ふたん》が増《ま》したのです。くちびるに傷《きず》があれば、トランペットは吹《ふ》けません。ルイは演奏《えんそう》を長く休むことにしました。

休暇《きゅうか》をすごしたのはフランスのパリでした。美しい芸術《げいじゅつ》の町でルイは、オペラを見たり絵画を鑑賞《かんしょう》したり、刺激《しげき》を受けました。アメリカでは、ジャズは楽しむための音楽でしたが、パリでは芸術《げいじゅつ》のように高く評《ひょう》価《か》されることにもおどろきました。アメリカでは、人気が出たあとでもルイは黒人として人種差別《じんしゅさべつ》をされ、白人とホテルを別《べつ》にされたりしていましたが、フランスでは才能《さいのう》ある音楽家として、肌《はだ》の色のちがう人々《ひとびと》からもあこがれの目で見られます。世界は広く、場所や人によってさまざまな価値観《かちかん》があることを、ルイは肌《はだ》で感じたのです。

パリでの休暇《きゅうか》は半年以上《いじょう》にもなり、帰国後も少し休んだルイ。この休みのあとルイの演奏《えんそう》は、華《はな》やかさだけではない、哀愁《あいしゅう》をおびたような枯《か》れた味わいも出すようになったと言われています。

ルイ・アームストロングのことば

そりゃだれだって
問題をかかえていますよ。
でも歌ってのは
プリティーなものなんです。

ルイにとって人生最大《さいだい》の問題は、人種差別《じんしゅさべつ》でしょう。しかしルイは、過激《かげき》なデモのような暴力的《ぼうりょくてき》な行動に人々《ひとびと》を駆《か》り立てたくはなかったので、彼《かれ》らしいやり方をしました。このことばのつづきはこうです。「今歌っているように、ちょっとクスクスッと笑《わら》いながら歌うような歌い方はね、大きなリアクションを生むんですよ」。

エピソード 9

ジョー・グレイザーがマネージャーに。ハリウッド映画《えいが》に多数出演《しゅつえん》

休養《きゅうよう》を終え帰国すると、アメリカでは、グレン・ミラー楽団《がくだん》やデューク・エリントン楽団《がくだん》など、現代《げんだい》でも有名なビッグバンドが大人気でした。なかなか表に出られないルイの力になったのが、マネージャーになったジョー・グレイザーです。ジョーは運転手も兼《か》ねながら、ルイのマ

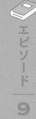

ネージメントをスタート。レコード会社と専属契約《せんぞくけいやく》をむすぶなど、その手腕《しゅわん》を発揮《はっき》しました。ルイは彼《かれ》の助言で、最新《さいしん》のヒットソングや民謡《みんよう》など、これまでにないジャンルの曲をジャズアレンジで録音《ろくおん》するなど、仕事の幅《はば》を広げます。１９３８年には、聴《き》けばだれもが知っている黒人霊《れい》歌《か》『聖者《せいじゃ》の行進』のレコードも発表しています。ルイとジョーは黒人と白人で、人種《じんしゅ》はちがいましたが深い友情《ゆうじょう》でむすばれ、家族のように付《つ》き合っていました。その絆《きずな》が、充実《じゅうじつ》した仕事につながったのでしょう。

ジョーが契約《けいやく》した思いがけない仕事は、ハリウッド映画《えいが》への出演《しゅつえん》でした。１９３６年、ルイは『黄金の雨』というミュージカル映画《えいが》に出演《しゅつえん》し、トランペットと歌声を披露《ひろう》しています。このころのルイは、人種《じんしゅ》にかかわらず幅広《はばひろ》い人に愛《あい》されていました。映画《えいが》で主演《しゅえん》をつとめたビング・クロスビーは全米を代表する歌手で俳優《はいゆう》ですが、彼《かれ》はルイを「一番好《す》きなシンガーだ」と絶賛《ぜっさん》していました。そして自身の主演映画《しゅえんえいが》に声をかけたのです。以来《いらい》ルイは『グレン・ミラー物語』『上流社会』『５つの銅貨《どうか》』など、いくつもの映画《えいが》に出演《しゅつえん》。ビングとはテレビ番組でも共演《きょうえん》し、ともにレコードも発表しています。

ルイ・アームストロングのことば

肝心《かんじん》なのは聴衆《ちょうしゅう》のために生きることなんだ。聴衆《ちょうしゅう》のためにわたしたちがいるんだから。

若《わか》いころ、聴《き》きに来たミュージシャンたちを喜《よろこ》ばせようと、派手《はで》に演奏《えんそう》したことがあります。しかし、一般《いっぱん》の客はルイが何かにとりつかれたのかと不思議《ふしぎ》に思い、結果《けっか》的《てき》に演奏《えんそう》はうまくいきませんでした。これを苦《にが》い経験《けいけん》としたルイは、「目の前にいる人々《ひとびと》のためにグッド・ショーを」という気持ちでステージに立つようになりました。

エピソード 10

ルシールとの結婚《けっこん》。「ルイ・アームストロング・オールスターズ」の活躍《かつやく》

ルイは41歳《さい》のとき、ルシール・ウィルソンという女性《じょせい》と出会いました。彼女《かのじょ》は、ルイが出演《しゅつえん》していたニューヨークの有名クラブで、ダンサーをしていました。一生のうち4度結婚《けっこん》したルイですが、彼女《かのじょ》が最後《さいご》の妻《つま》となりました。ルシールは家庭をとても大事にする人で、世界中を旅して

まわるルイが心から落ち着ける場を作ることを、一番に考えていました。ルシールがニューヨークでルイのために選《えら》んだ新居《しんきょ》は、スターの住まいとは思えない質素《しっそ》な家でしたが、ルイはその家をとても気に入り、世界《せかい》的《てき》音楽家になったルイにとって、心からの安らぎの場となりました。

結婚《けっこん》の翌年《よくねん》、ルイは有名雑誌《ざっし》が企画《きかく》したジャズ人気投票《とうひょう》で、トランペットとボーカルの2つの部門で1位《い》にかがやいています。このころになるとジャズバンドは、少人数で演奏《えんそう》する昔のニューオーリンズスタイルにもどりはじめ、ルイも6人のメンバーと「ルイ・アームストロング・オールスターズ」を結成《けっせい》しました。だれもが名演奏家《めいえんそうか》のスターたちは、この年、ニューヨークのカーネギー・ホールに出演《しゅつえん》しています。格式《かくしき》の高いコンサートホールで、だれでも演奏《えんそう》できるような場所ではありません。少年院でラッパを習った黒人の少年が、名実ともに世界一のトランペッターとなったのです。

それでもルイは、アメリカでは黒人として差別《さべつ》を受けつづけていました。一流ホテルやホールで演奏《えんそう》はしても、宿泊《しゅくはく》や食事はできません。出入りは裏口《うらぐち》から、トイレも白人とは別《べつ》にされていたのです。

大統領《だいとうりょう》は腰《こし》ぬけだ。

ルイは、自分が肌《はだ》の色で差別《さべつ》をされてもあまりさわぎ立てない人でした。けれど、人種差別《じんしゅさべつ》は憲法違反《けんぽういはん》という判《はん》決《けつ》が出たあと、黒人の子ども９人が白人と同じ学校に通うことを阻止《そし》された事件《じけん》を知ると、ルイはこう言って、アイゼンハワー大統領《だいとうりょう》を非難《ひなん》します。この発言は世論《よろん》を動かし、子どもたちは無事《ぶじ》登校できるようになりました。

エピソード 11

「タイム」誌《し》の表紙も飾《かざ》り、「世界のサッチモ」へ。アフリカを訪問《ほうもん》

ルイの故郷《こきょう》ニューオーリンズでは、2月ごろに「マルディグラ」という祭りが開催《かいさい》されます。ハイライトは、有名なカーニバル。クルーと呼《よ》ばれる団体《だんたい》が趣向《しゅこう》をこらした山車《だし》を作って町を行進します。1949年、ルイはズールーという黒人クルーの王に選《えら》ばれ、扮装《ふんそう》して山車《だし》に乗りま

した。子どものころからズールーの王にあこがれていたルイは、大喜《おおよろこ》びでした。同じころ、アメリカの有名な雑誌《ざっし》「タイム」の表紙に、トランペットの王冠《おうかん》をかぶったルイの顔が掲載《けいさい》されました。タイムの表紙は、世界的《せかいてき》に影響力《えいきょうりょく》のある人しか飾《かざ》れない特別《とくべつ》なものです。

世界各地《かくち》に演奏《えんそう》旅行をしたルイですが、日本にも１９５３年以降《いこう》３度おとずれ、力みなぎる演奏《えんそう》で観客《かんきゃく》を夢中《むちゅう》にさせました。１９５６年には、アフリカのガーナを訪問《ほうもん》。ガーナは、奴隷《どれい》としてアメリカにつれてこられたルイの祖先《そせん》の故郷《こきょう》です。小学校の子どもたちに歓迎《かんげい》され、トランペットをプレゼントするルイのまなざしは優《やさ》しさにあふれていました。

このようにルイは、人種《じんしゅ》の壁《かべ》を越《こ》えて人気者でした。けれど、どんなに人気が出ても、ルイは昔の恩《おん》を忘《わす》れませんでした。１９５０年、ニューオーリンズでのコンサートで、１人の老人《ろうじん》がタオルにくるんだ何かをかかえ、ステージに近づきました。それを見たルイは演奏《えんそう》をやめて泣《な》きはじめたのです。老人《ろうじん》が持っていたのはルイが最初《さいしょ》に吹《ふ》いたコルネットで、彼《かれ》は少年院でルイにコルネットを教えた先生でした。ルイは彼《かれ》を泣《な》きながら抱《だ》きしめたそうです。

ルイ・アームストロングのことば

わたしたちが演奏《えんそう》しているのは人生なんだ。

奴隷《どれい》としてアフリカからつれてこられ、つらい労働《ろうどう》に明けくれた黒人たちは、歌い、踊《おど》ることで、人生に希望《きぼう》を持ちました。黒人たちのブルー（憂鬱《ゆううつ》）な気持ちは「ブルーノート」というジャズに大切な物悲しい音階となり、踊《おど》りは楽しく体をゆらす「スイング」のリズムとして、ジャズの大切な要素《ようそ》となりました。ルイの音楽は、そうした黒人たちの歴史《れきし》と人生を演奏《えんそう》していると言えます。

ジャズとは何かと問われても、決してわからないでしょう。

ルイは、「ジャズとは何か」を説明《せつめい》しようとは決してしませんでした。ことばで理解《りかい》するのではなく、フィーリングで楽しさやリズム、ブルース（哀愁《あいしゅう》）を感じるのがジャズだ、ととらえていたのです。ルイは、「自分が何者であるか、それを楽器《がっき》で吹《ふ》くんだ」とも言っています。ルイにとってジャズは、感覚《かんかく》に身をまかせて自分自身を表現《ひょうげん》するのに最適《さいてき》な手段《しゅだん》でした。

ルイ・アームストロングのことば

わたしを待っている
ファンを、
がっかりさせることは
できない。

これはルイの口ぐせでした。体調が悪くても、いそがしくても、演奏《えんそう》を聴《き》きたい人がいるかぎりステージに立ちたいと思っていました。それは、いつでもお客さんを満《まん》足《ぞく》させる演奏《えんそう》をする決意でもありました。「だれかが『出番ですよー』と言ったときに、まだ仕事ができるなんてなかなかのもんですよ」とルイは語っています。

エピソード 12

『ハロー・ドーリー！』が世界的《せかいてき》に大ヒット。全米チャートで、ビートルズから首位《しゅい》をうばう

1950年代から60年代、全米ヒットチャートをにぎわしたのは、ロックンロールでした。エルビス・プレスリーやイギリス出身のビートルズの人気はすさまじく、発表する曲はどれも全米1位《い》。ジャズを聴《き》く人はすっかりへってしまいました。そんな1964年1月、ルイは『ハ

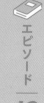

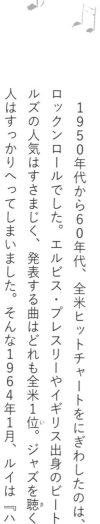

ロー・ドーリー!』を世に出します。同名のミュージカルの主題歌でした。するとこれが大ヒット。14週連続《れんぞく》でヒットチャート1位《い》を独占《どくせん》していたビートルズにかわり、ルイがトップに立ちました。翌年《よくねん》にはグラミー賞《しょう》で最優秀《さいゆうしゅう》楽曲賞《しょう》などを受賞《じゅしょう》。１９６９年には『ハロー・ドーリー!』の映画《えいが》にも出演《しゅつえん》し、主題歌をルイが歌いました。この曲は、ヨーロッパ、アジア、アフリカ、アラブなど世界中の人の心をつかみました。

当時共産主義《きょうさんしゅぎ》だった東ドイツではジャズのレコード販売《はんばい》は禁止《きんし》されていましたが、西ドイツのラジオを盗聴《とうちょう》したり、秘密《ひみつ》のトンネルを通って西ドイツでのルイのコンサートに行ったりした人もいたそうです。ルイの音楽は、法《ほう》を犯《おか》しても聴《き》きたいほどすばらしいものだったのです。

『ハロー・ドーリー!』がヒットした年、ルイは63歳《さい》でした。数年前から心臓《しんぞう》をわずらっていたルイは、その後も発作《ほっさ》に見舞《みま》われましたが、回《かい》復《ふく》すれば年齢的《ねんれいてき》なおとろえを見せません。しかし69歳《さい》のときにひらかれたジャズの祭典《さいてん》で、若《わか》い世代のミュージシャンが誕生日《たんじょうび》を祝《いわ》って演奏《えんそう》してくれた中、ルイはトランペットを吹《ふ》けず、歌声だけで加《くわ》わりました。体に負担《ふたん》のかかるトランペットは、医者に止められていたのです。

ルイ・アームストロングのことば

何も心配することはないよ。ジャスト・プレイ・フロム・ユア・ハート…心の底《そこ》から吹《ふ》けばいいんだよ。

ルイのバンドで演奏《えんそう》することになったクラリネット奏者《そうしゃ》ピーナッツ・ハッコーは、緊張《きんちょう》と心配で「どんなふうに吹《ふ》いたらいいですか？」とルイに聞いたそうです。そのときのルイの答えがこれ。自分の信《しん》じることを心のままに表現《ひょうげん》すれば、それはだれかの心を打つと知っていたのです。「わたしの主義《しゅぎ》は、自分が聴《き》いて楽しいものをみんなに聴《き》いてもらうことだ」とも言っています。

ルイ・アームストロングのことば

わたしの人生はいつも音楽だった。

ルイは「わたしにとってトランペットとは何よりも先に来るものです」と言っています。最愛《さいあい》の妻《つま》のルシール夫《ふ》人《じん》よりもトランペットが優先《ゆうせん》で、「わたしの人生、魂《たましい》、精神《せいしん》のすべては、楽器《がっき》を吹《ふ》くことだ」とも言っています。ルシール夫人《ふじん》はそのことをよく理解《りかい》していたそうです。人生で一番大事なものに幼《おさな》いころに気づき、亡《な》くなるまでその思いは変《か》わらなかった、幸せな音楽家でした。

つまり、あきらめないで
みんなが努力《どりょく》をすれば、
世界はもっと
ワンダフル・ワールドに
なるっていうことさ。

『ワット・ア・ワンダフル・ワールド（この素晴《すば》らしき世界）』を歌いはじめたルイに、若者《わかもの》が言いました。「戦《せん》争《そう》や飢餓《きが》や地球汚染《おせん》で、世界はちっともワンダフルじゃない」。このことばは、それに対するルイの答えです。「もっともっと、たがいに愛《あい》し合いさえすれば、多くの問題が解決《かいけつ》する。だから、わたしはこう歌うのさ」。

エピソード 13

『ワット・ア・ワンダフル・ワールド』誕《たん》生《じょう》。眠《ねむ》ったまま亡《な》くなったジャズの王様

1967年、ルイは『ワット・ア・ワンダフル・ワールド（この素晴《すば》らしき世界）』を発表しました。現在《げんざい》でも毎日世界のどこかで流れている、ルイを代表する名曲です。当時アメリカは、ベトナムで泥沼《どろぬま》の戦争《せんそう》をしていました。木々《きぎ》やバラの花、青空や雲、あいさつをかわす人々《ひとびと》や

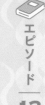

赤ちゃんの泣《な》き声、平凡《へいぼん》だけれど尊《とうと》いものをえがいた歌詞《かし》を、ルイは優《やさ》しい声で「なんて素敵《すてき》な世界なんだ」と歌い上げたのです。この曲は異《い》色《しょく》のベトナム戦争映画《せんそうえいが》『グッドモーニング、ベトナム』で使われ、美しい朝焼《あさや》けやヤシの林、その中でベトナムの人々《ひとびと》が無差別《むさべつ》に殺《ころ》され、家を焼《や》かれるシーンで流れました。ルイは「世界が悪いんではなく、わたしたちが世界にしていることが悪いんだ」ということばをのこしています。

１９７１年3月、ルイはニューヨークのホテルで演奏《えんそう》した直後、心臓《しんぞう》発作《ほっさ》でたおれました。体調が悪くても、「わたしを待つ観衆《かんしゅう》をがっかりさせられない」と言っていたルイは、退院後《たいいんご》リハーサルの予定を組もうとしていました。しかし7月6日の朝、自宅《じたく》のベッドで眠《ねむ》ったまま亡《な》くなったのです。ニューヨークでは2万５０００人ものファンが集まり、ジャズの王様に感謝《かんしゃ》と別《わか》れをのべました。ニューオーリンズではにぎやかなジャズ葬式《そうしき》がおこなわれ、多くの人がルイのために演奏《えんそう》しました。行進する人の中には、「サッチモの精神《せいしん》は永遠《えいえん》に」と書いたプラカードをかかげる人もいました。そのことば通り、今もルイのスイングと歌声は、世界の人々《ひとびと》の心と体をゆさぶっています。

ルイ・アームストロングの年表

CHRONOLOGY

西暦《せいれき》	年齢《ねんれい》	できごと
1901年	0	8月4日、アメリカのルイジアナ州ニューオーリンズに生まれる(ルイの存命中《ぞんめいちゅう》も死去後も、長らく1900年7月4日のアメリカ独立記念日《どくりつきねんび》生まれだと本人も周囲《しゅうい》も信《しん》じていた)。
1913年	12	前年の大みそか、新年を祝《いわ》う花火に興奮《こうふん》してピストルを発砲《はっぽう》してしまい、逮捕《たいほ》される。 少年院でコルネットをはじめる。
1914年	13	**第一次世界大戦《たいせん》が起こる**(~**1918年**)。 少年院を出所し、石炭運び、新聞売りなどの仕事をしながら音楽活動をおこなう。
1918年	17	ジョー・オリバーの後任《こうにん》として、キッド・オリー楽団《がくだん》のメンバーに抜擢《ばってき》される。
1919年	18	ミシシッピ川を行き来する蒸気船《じょうきせん》リバーボートの楽団《がくだん》に参加《さんか》し、流域《りゅういき》の各地《かくち》の港で演奏《えんそう》する。 デイジー・パーカーと最初《さいしょ》の結婚《けっこん》。
1922年	21	ジョー・オリバーの楽団《がくだん》に参加《さんか》するため、シカゴに行く。
1923年	22	キング・オリバーズ・クレオール・バンドの第2コルネット奏者《そうしゃ》として、初《はつ》のレコーディング。
1924年	23	リル・ハーデンと2回目の結婚《けっこん》。 フレッチャー・ヘンダーソン楽団《がくだん》に参加《さんか》。
1925年	24	キッド・オリーを招《まね》き、シカゴでルイ・アームストロング&ヒズ・ホット・ファイブを結成《けっせい》。その後、数々《かずかず》の名作を録音《ろくおん》。 このころ、楽器《がっき》をコルネットからトランペットへ持ちかえる。

1926年	25	『ヒービー・ジービーズ』を録音《ろくおん》し、大ヒット。ジャズ史上《しじょう》はじめてスキャット唱法《しょうほう》で歌う。
1927年	26	ルイ・アームストロング&ヒズ・ホット・セブンの活動を開始。 天才ピアニスト、アール・ハインズと録音《ろくおん》。
1928年	27	不朽《ふきゅう》の名作『ウエスト・エンド・ブルース』を録音《ろくおん》。
1929年	28	**世界恐慌《きょうこう》がはじまる（～1933年ごろ）。** ニューヨークへ進出する。
1930年	29	ビブラフォン奏者《そうしゃ》のライオネル・ハンプトンと共演《きょうえん》。
1931年	30	ニューオーリンズに約《やく》10年ぶりに里帰りし、熱狂的《ねっきょうてき》な歓迎《かんげい》を受ける。
1932年	31	ロンドン（イギリス）最高《さいこう》の劇場《げきじょう》といわれる「パラディアム」と契約《けいやく》。ロンドンへ向かい、初《はつ》のヨーロッパ訪問《ほうもん》。 イギリスの音楽誌《おんがくし》記者から「サッチモ」の愛称《あいしょう》を贈《おく》られる。
1933年	32	再度《さいど》ヨーロッパへ行き、1935年1月まで滞在《たいざい》。
1934年	33	4～11月までパリ（フランス）に長期滞在《たいざい》し、レコーディングをする。
1935年	34	一生の友人となるジョー・グレイザーをマネージャーとしてやとう。
1936年	35	ハリウッド映画《えいが》に初出演《はつしゅつえん》。ビング・クロスビーと共演《きょうえん》する。

ルイ・アームストロングの年表

CHRONOLOGY

西暦《せいれき》	年齢《ねんれい》	できごと
1938年	37	ニューヨークで『聖者《せいじゃ》の行進』をレコーディング。リルと離婚《りこん》し、アルファ・スミスと結婚《けっこん》。
1939年	38	**第二次世界大戦《たいせん》が起こる（～1945年）**。
1942年	41	ルシール・ウィルソンと結婚《けっこん》。
1943年	42	雑誌《ざっし》「エスクワイヤー」の第1回ジャズ人気投票《とうひょう》で、トランペット、ボーカルの両部門で1位《い》を獲得《かくとく》。
1947年	46	ルイ・アームストロング・オールスターズを結成《けっせい》する。
1948年	47	ニース（フランス）で開催《かいさい》された世界初《はつ》のジャズフェスティバルに出演《しゅつえん》。
1949年	48	「タイム」誌《し》の表紙を飾《かざ》る。
1953年	52	ルイ・アームストロング・オールスターズで初《はつ》来日。
1956年	55	アフリカのガーナを訪問《ほうもん》。レナード・バーンスタインが指揮《しき》するオーケストラのニューヨーク・フィルハーモニックと共演《きょうえん》。
1957年	56	「アイゼンハワー大統領《だいとうりょう》は腰《こし》ぬけ」と発言し、騒《さわ》ぎとなる。
1958年	57	第1回モントレージャズフェスティバルに出演《しゅつえん》。
1960年	59	アフリカ演奏《えんそう》旅行に出発。

1961年	60	デューク・エリントン、デイブ・ブルーベックらと共演《きょうえん》。
1963年	62	2回目の来日。11回のコンサートをおこなう。
1964年	63	『ハロー・ドーリー!』が世界的《せかいてき》大ヒットとなる。1969年に同名映画《えいが》にも出演《しゅつえん》。 3回目の来日。
1967年	66	『ワット・ア・ワンダフル・ワールド(この素晴《すば》らしき世界)』を録音《ろくおん》。
1968年	67	イギリスでコンサート出演後《しゅつえんご》、重い病気にかかり翌年《よくねん》4月まで入院する。 『サッチモ・シングス・ディズニー』を録音《ろくおん》。
1969年	68	体調不良《ふりょう》の中、イギリスで映画《えいが》『女王陛下《へいか》の007《ゼロゼロセブン》』の主題歌を録音。
1970年	69	多くのテレビ番組にゲスト出演《しゅつえん》し、ニューポート・ジャズフェスティバルにも参加《さんか》。
1971年	70	3月にホテルのショーに出演後《しゅつえんご》、心臓発作《しんぞうほっさ》で重体となり入院。いったん回復《かいふく》して5月に退院《たいいん》するが、7月6日、ニューヨークの自宅《じたく》にて死去。

雑誌

『ジャズ批評 No.101 ルイ・アームストロング大全集』 1999年（ジャズ批評社）

Web

Louis Armstrong House Museum（ルイ・アームストロング・ハウス博物館）
www.louisarmstronghouse.org

この本の使い方

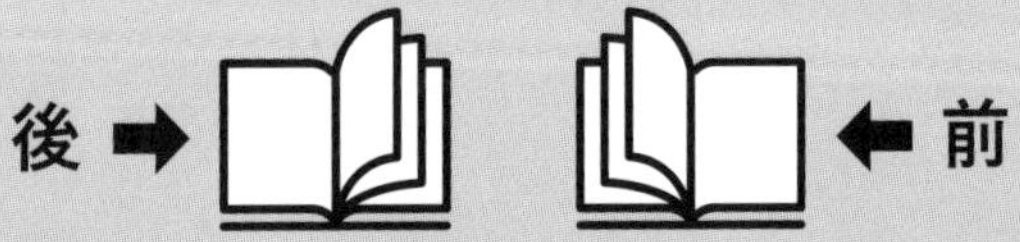

この本は、前からでも後ろからでも
読むことができます。

前の方では、ルイ・アームストロングのことばから生きかたを知り、生《お》い立ちもわかるようになっています。後ろの方では、ルイが生きた時代や、かかわった人など、ルイのことをいろいろな面から知ることができます。好《す》きな方から読んでみてください。

参考文献《さんこうぶんけん》

書籍

『ルイ・アームストロング　生誕120年 没50年に捧ぐ』外山喜雄、外山恵子 著　2021年（冬青社）

『アメリカ黒人史　―奴隷制からBLMまで』ジェームス・M・バーダマン 著　森本豊富 訳　2020年（ちくま新書）

『はばたけ、ルイ！』ミュリエル・ハリス・ワインスティーン 著　若林千鶴 訳　外山喜雄 監修　2012年（リーブル）

『聖地ニューオリンズ　聖者ルイ・アームストロング』外山喜雄、外山恵子 著　2008年（冬青社）

『What a Wonderful World　The Magic of Louis Armstrong's Later Years』Ricky Riccardi 著　2012年（Vintage）

『アメリカ史のなかの人種』山田史郎 著　2006年（山川出版社）

『ニューオリンズ行進曲』外山喜雄、外山恵子 著　2002年（冬青社）

『LOUIS ARMSTRONG,IN HIS OWN WORDS』Louis Armstrong 著　Thomas Brothers 編　2001年（OXFORD）

『ルイ・アームストロング　少年院のラッパ吹き』川又一英 著　1993年（メディアファクトリー）

『伝記 世界を変えた人々　キング牧師』V・シュローデト、パム・ブラウン 著　松村佐知子 訳　1991年（偕成社）

『SATCHMO』Gary Giddins 著　1988年（Doubleday Religious Publishing Group、T.H.E.）

『聖者が街にやってくる　ジャズの故郷ニューオリンズ』外山喜雄 著　1982年（冬樹社）

『LOUIS ARMSTRONG』Genie Iverson 著　1976年（Thomas Y. Crowell Company）

『LOUIS ARMSTRONG - A SELF PORTRAIT』Richard Meryman インタビュー　1971年（Eakins Press）

『サッチモ　ニュー・オルリーンズの青春』ルイ・アームストロング 著　鈴木道子 訳　1970年（音楽之友社）

Cinema 「伝説《でんせつ》の夜」のドキュメンタリー

『真夏の夜のジャズ』 1959年アメリカ

第5回ニューポート・ジャズ・フェスティバル（1958年）でのミュージシャンたちの演奏《えんそう》を記録《きろく》したドキュメンタリー映画《えいが》。アメリカのロードアイランド州ニューポートでは毎年夏にジャズの祭典《さいてん》がひらかれ、映画《えいが》ではルイ・アームストロング・オールスターズが『聖者《せいじゃ》の行進』をはじめ3曲を演奏《えんそう》しているほか、セロニアス・モンク、チャック・ベリーといった伝説的《でんせつてき》ミュージシャンの熱演《ねつえん》も見られます。監督《かんとく》のバート・スターンは著名《ちょめい》な写真家で、革新的《かくしんてき》な撮影方法《さつえいほうほう》や映像美《えいぞうび》が評判《ひょうばん》になりました。2020年に4Kにリマスターされ再上映《さいじょうえい》されました。

Cinema 俳優《はいゆう》ルイのキラリと光る名演《めいえん》

『5つの銅貨《どうか》』 1959年アメリカ

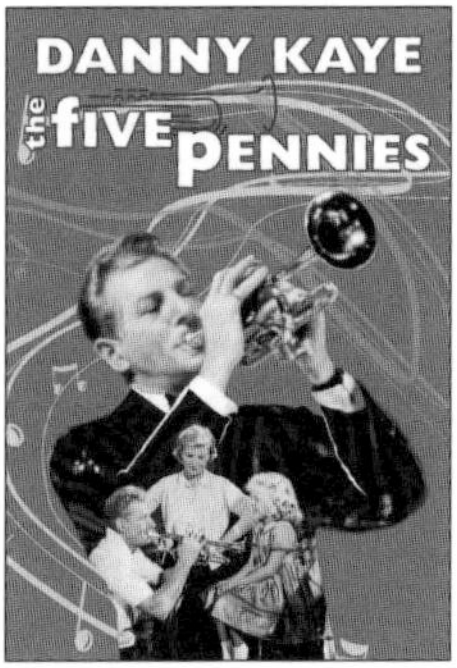

実在《じつざい》のコルネット奏者《そうしゃ》レッド・ニコルズの人生をえがいた物語。田舎《いなか》からニューヨークへ出たコルネット奏者《そうしゃ》のレッドは、歌手の女《じょ》性《せい》と恋《こい》に落ち、娘《むすめ》をもうけます。その後バンドの人気が高まり、演奏《えんそう》旅行がいそがしくなると娘《むすめ》を寄宿舎《きしゅくしゃ》に入れますが、やがて娘《むすめ》が病気になってしまいます。ルイはこの映画《えいが》に、レッドと友人の本人役で出演《しゅつえん》。ルイとレッドとその娘《むすめ》がいっしょに歌うシーンは、多くの人に愛《あい》されています。

DVD: 1,572円（税込み）
発売元: NBCユニバーサル・エンターテイメント

※ ルイ・アームストロングは、このほかにも多数の映画《えいが》に出演《しゅつえん》していて、現在《げんざい》も視聴《しちょう》しやすい作品に『グレン・ミラー物語』『上流社会』などがあります。

♫ Music　ルイの音楽の軌跡《きせき》を2枚組《まいぐみ》で！

『ベスト・オブ・ルイ・アームストロング』

ソニー・ミュージックレーベルズ、2021年

　ルイの生誕《せいたん》120周年《しゅうねん》・没後《ぼつご》50年の特《とく》別企画《べつきかく》として出されたベストCDです。1925年から1960年代までに録音《ろくおん》されたルイの数々《かずかず》の名曲・名演奏《めいえんそう》を、2枚組《まいぐみ》37曲に厳選《げんせん》。ジャズ史上《しじょう》にかがやく「ホット・ファイブ」「ホット・セブン」の名演奏《めいえんそう》から、晩年《ばんねん》の『ワット・ア・ワンダフル・ワールド（この素晴《すば》らしき世界）』まで、ジャズ界にとどまらずポップスの分野でも活躍《かつやく》したルイの偉大《いだい》な軌《き》跡《せき》をたどることができる、ベストアルバムの決定版《けっていばん》といえる作品です。

♫ Music　ルイの歌声でディズニーの名曲を楽しむ

『サッチモ・シングス・ディズニー』

　原盤《げんばん》は、ディズニーの創始者《そうししゃ》ウォルト・ディズニーから依頼《いらい》を受けて1968年に発売された企画《きかく》アルバムです。ディズニー作品の名曲をルイが独自《どくじ》の解釈《かいしゃく》で歌い、演奏《えんそう》したこの作品は、ジャズファンだけでなく幅広《はばひろ》い層《そう》の人気を呼《よ》びました。『ハイ・ホー』（『白雪姫《しらゆきひめ》』）『ビビディ・バビディ・ブー』（『シンデレラ』）『星に願《ねが》いを』（『ピノキオ』）など、おなじみの曲を多数収録《しゅうろく》。ルイの歌とトランペットを存分《ぞんぶん》に楽しめます。

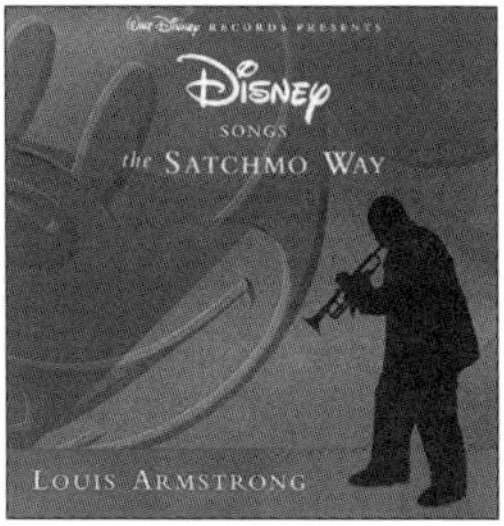

ユニバーサル・ミュージック・ジャパン、2018年

※ ルイの名曲には、インターネット上で見たり聴《き》いたりできるものも多数あります。「ルイ・アームストロング　聖者《せいじゃ》の行進」「サッチモ　ハロー・ドーリー」など、名前と曲名などで検索《けんさく》してみましょう。

Book ★★☆ この本を監修《かんしゅう》した外山喜雄《とやまよしお》さん・外山恵子《とやまけいこ》さんの本1

『ルイ・アームストロング 生誕《せいたん》120年 没《ぼつ》50年に捧《ささ》ぐ』

外山喜雄、外山恵子 著

ルイの生《お》い立ちから、さまざまな人との出会い、若《わか》きミュージシャンとして成長《せいちょう》した青年時代をへて、世界を代表するスーパースターになるまでのルイの人生の軌跡《きせき》がわかります。加《くわ》えて、名曲・名盤《めいばん》の紹介《しょうかい》、家族や人間関係《かんけい》、好《す》きな食べ物のこぼれ話……などなど、ルイ・アームストロングに人生をささげた著者《ちょしゃ》夫妻《ふさい》が、「ジャズの王様」ルイについて、あらゆる角度から語りつくした1冊《さつ》です。

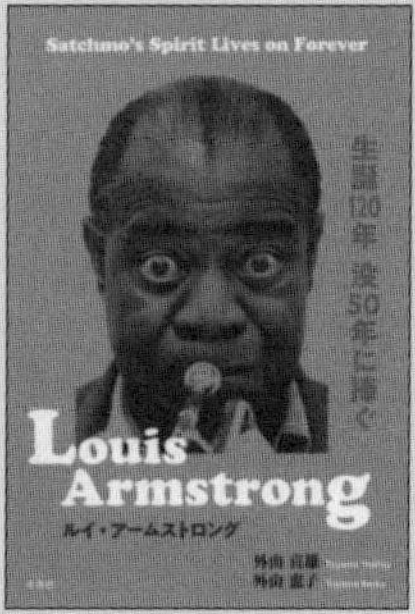

冬青社、2021年

Book ★★★ この本を監修《かんしゅう》した外山喜雄《とやまよしお》さん・外山恵子《とやまけいこ》さんの本2

『聖地《せいち》ニューオリンズ 聖者《せいじゃ》ルイ・アームストロング』

外山喜雄、外山恵子 著

冬青社、2008年

ルイ・アームストロングに猛烈《もうれつ》にあこがれた著者《ちょしゃ》夫妻《ふさい》は、大学卒業《そつぎょう》後《ご》まもなく1967年に移民船《いみんせん》ぶらじる丸で渡米《とべい》し、ルイの故郷《こきょう》ニューオーリンズでの生活をはじめました。以後《いご》、5年間にわたる滞在《たいざい》での「音楽にかこまれたくらし」について、記録《きろく》した1冊《さつ》です。美しい町並《まちな》みや、街角《まちかど》で演奏《えんそう》する人々《ひとびと》、華《はな》やかなパレードなど、約《やく》50年前のニューオーリンズの貴重《きちょう》な写真もたくさんのっています。

Book ★★☆ 往年《おうねん》のジャズ名曲を独自《どくじ》の世界観《かん》でイラストに

『JAZZ《ジャズ》 SONG《ソング》 BOOK《ブック》』

五味太郎 著

オークラ出版、2022年

絵本作家の五味太郎《ごみたろう》さんが、歌ものジャズ・スタンダードのよりすぐりの名曲27曲の世界をイラストでえがいた絵本。1988年、1992年に出版《しゅっぱん》され、長く人気を集めた2つの本を1冊《さつ》に再構《さいこう》成《せい》したもので、かわいくて不思議《ふしぎ》なイラストを見られるだけでなく、五味《ごみ》さんによって訳《やく》された歌詞《かし》はおしゃれでユーモアにあふれ、大人も子どもも楽しめる作品になっています。ルイの名曲『明るい表通りで』のイラストと歌詞《かし》ものっています。

Book ★★★ 差別《さべつ》された黒人の歴史《れきし》を学ぶ

『アメリカ黒人史《こくじんし》　―奴隷制《どれいせい》からBLMまで』

ジェームス・M・バーダマン 著　森本豊富 訳

ジャズの誕生《たんじょう》・発展《はってん》とルイの活躍《かつやく》は、アメリカにおける人種差別《じんしゅさべつ》の歴史《れきし》と密接《みっせつ》な関係《かんけい》にあります。この本は、16世紀《せいき》の奴隷制《どれいせい》開始から、21世紀《せいき》に起こった黒人差別《さべつ》反対運動の「ブラック・ライブズ・マター（BLM）」にいたるまで、アメリカ黒人の歴史《れきし》をまとめた1冊《さつ》です。つねに迫害《はくがい》と差別《さべつ》にあってきた黒人たちが権利《けんり》を勝ち取ってきた過程《かてい》や、現代《げんだい》ものこされている問題点などについて、くわしくまとめられています。

ちくま新書、2020年

Book ★☆☆ 切り絵と物語で楽しむジャズの世界

『おはなし音楽会5　ルイ・アームストロング』

西村和子 著　外山喜雄 監修

　作曲家の人生を切り絵と物語文でえがき、目と耳で音楽を楽しむことができるCD付《つ》き絵本。5巻《かん》はシリーズではじめてジャズをあつかった本です。ルイ・アームストロングの生涯《しょうがい》を物語で楽しみながら、ナレーション付《つ》きのオリジナル編《へん》集《しゅう》のCDで『聖者《せいじゃ》の行進』『ハロー・ドーリー！』『ワット・ア・ワンダフル・ワールド（この素晴《すば》らしき世界)』など、名《めい》演奏《えんそう》の数々《かずかず》を聴《き》くことができます。

博雅堂出版、2007年

Book ★☆☆ 20世紀初頭《せいきしょとう》のニューオーリンズで、ジャズ&大冒険《だいぼうけん》！

『マジック・ツリーハウス 第28巻《かん》　嵐《あらし》の夜の幽霊海賊《ゆうれいかいぞく》』

メアリー・ポープ・オズボーン 著、食野雅子 訳

KADOKAWA、2010年

　『マジック・ツリーハウス』は、ジャックとアニーの兄妹が、タイムスリップができる魔法《まほう》の小屋を森の木の上に発見するところからはじまり、以降《いこう》、さまざまな時代でくり広げられる波乱万丈《はらんばんじょう》の大冒《だいぼう》険《けん》の数々《かずかず》をえがいた世界的《せかいてき》人気シリーズです。この28巻《かん》では、20世紀初頭《せいきしょとう》のアメリカ南部ニューオーリンズにタイムスリップ。トランペットの天才少年ルイに出会います。貧《まず》しいくらしの中で音楽をあきらめかけていたルイに対して、ジャックとアニーは……？

WANT TO KNOW! ✴ LOUIS ARMSTRONG

もっと知りたい！ルイ・アームストロング

ルイ・アームストロングへの理解《りかい》をもっと深めるために編集部《へんしゅうぶ》オススメの本や映画《えいが》などを紹介《しょうかい》します。ぜひ参考《さんこう》にしてみてください。

Book……本

Music……音楽CD

Cinema……映画《えいが》

★☆☆……次の1冊《さつ》にオススメ。

★★☆……中高生レベル。読みやすい。

★★★……専門的《せんもんてき》だけど、外せない1冊《さつ》。

Book ★☆☆ ルイの少年時代を生き生きとえがく

『はばたけ、ルイ！』

ミュリエル・ハリス・ワインスティーン 作　フランク・モリソン 絵　若林千鶴 訳
外山喜雄 監修

故郷《こきょう》ニューオーリンズでの、ルイの少年時代を中心に書かれた伝記《でんき》です。「ルイはどんなふうに音楽と出会ったか？」「どうしてルイは、自分のラッパを買うお金をあきらめたのか？」といった質問《しつもん》形式の章タイトルで、小学生でも読み進めやすくなっています。少年ルイがコルネットに出会ってからジャズマンになるまでの話を、親しみやすい語り口調で紹《しょう》介《かい》しています。今は書店で入手しにくいので、図書館で借《か》りて読んでみましょう。

リーブル、2012年

みずからのルーツの国

ガーナ

　アフリカ大陸《たいりく》の西部、大西洋に面した共和国《きょうわこく》。赤道付近《ふきん》で、一年中暑い熱帯《ねったい》の国。チョコレートの原材《げんざい》料《りょう》であるカカオの産地《さんち》として知られ、金や石油なども輸出《ゆしゅつ》しています。日本では、医師《いし》の野口英世《のぐちひでよ》が黄熱《おうねつ》病《びょう》を研究していた国としても知られ、野口《のぐち》は首都アクラで亡《な》くなりました。ガーナは、ルイの祖先《そせん》の故《こ》郷《きょう》でした。1956 年、ルイは自分のルーツであるこの国をおとずれ、大いに歓迎《かんげい》されています。大統領《だいとうりょう》の前で演奏《えんそう》したり、小学校を訪問《ほうもん》したりして、親交を深めました。子どもにトランペットをプレゼントしたエピソードものこっています。

ルイがおとずれた翌《よく》1957年に、ガーナはイギリスから独立《どくりつ》した。
写真は、独立《どくりつ》を記念《きねん》して首都アクラに建《た》てられたブラック・スター・ゲート。

パリの代表的《だいひょうてき》なオペラ座《ざ》の1つ、ガルニエ宮。

長い休養《きゅうよう》期間をすごした文化都市 パリ

フランスの首都で、「芸術《げいじゅつ》の都」と呼《よ》ばれる美しい町です。オペラ座《ざ》などの劇場《げきじょう》や、ルーブル美術館《びじゅつかん》、オルセー美術館《びじゅつかん》など、芸術《げいじゅつ》に関《かん》する施設《しせつ》が数多くあり、絵画や音楽、バレエやファッションなどさまざまな芸術《げいじゅつ》をこころざす人々《ひとびと》が、パリを拠点《きょてん》にして活動しています。ルイはこの町で約《やく》1年の休養《きゅうよう》をとりました。その間、人種差別《じんしゅさべつ》もせず、ジャズを芸術《げいじゅつ》として評価《ひょうか》してくれるパリの人々《ひとびと》に、価値観《かちかん》を変《か》えられました。パリ滞在中《たいざいちゅう》に録音《ろくおん》した『明るい表通りで』という曲のルイ独特《どくとく》のエンディングは、パリのオペラに影響《えいきょう》を受けているといわれています。

ルイ・アームストロング・ハウス博物館《はくぶつかん》。
一般《いっぱん》に公開されている。

ルイの国際的《こくさいてき》な活動拠点《きょてん》となった

ニューヨーク

アメリカ東海岸に位置《いち》する、全米最大《さいだい》の都市。世界の金融《きんゆう》の中心であると同時に、エンターテインメントの聖地《せいち》でもあります。タイムズスクエアやブロードウェイ、セントラルパークなど、世界的《せかいてき》に知られる場所がいくつもある町です。ルイはシカゴをはなれたあと、この町を拠点《きょてん》に演奏《えんそう》活動をはじめました。最愛《さいあい》の妻《つま》ルシール夫人《ふじん》とくらしたのもこの町のクイーンズ地区で、現在《げんざい》その家は、「ルイ・アームストロング・ハウス」として、当時のルイのくらしを保存《ほぞん》した博物館《はくぶつかん》になっています。ルイの家は、歴史的《れきしてき》にも価値《かち》ある建物《たてもの》として「アメリカ合衆国《がっしゅうこく》国定歴史建造物《れきしけんぞうぶつ》」にも指定されています。

博物館《はくぶつかん》には、ルイの自室が写真のような生前当時のまま保存《ほぞん》されている。
写真：佐藤有三

はじめてルイが自分の楽団《がくだん》を持った大都市

シカゴ

アメリカ合衆国《がっしゅうこく》イリノイ州にあり、ニューヨーク、ロサンゼルスにつぐ大都市です。国のほぼ真ん中に位置《いち》することから、昔から交通の要《かなめ》として発展《はってん》してきました。かつては農業がさかんでしたが、1871 年の火事で市域《しいき》の 3 分の 1 が焼《や》けると、都市の復興《ふっこう》計画がはじまりました。ジャズがさかんになった 1920 年ごろには、ニューオーリンズや南部の州から多くのジャズ奏者《そうしゃ》やブルース歌手が移《うつ》り住み、「シカゴジャズ」と呼《よ》ばれるほどのジャズの聖地《せいち》となりました。ルイも、あこがれのジョー・オリバーにさそわれて故郷《こきょう》からシカゴに移《うつ》り住み、結婚《けっこん》し、のちにこの町で自分の楽団《がくだん》を結成《けっせい》しています。

シカゴ中心部に位置《いち》するミレニアムパーク。公園内の野外音楽堂《おんがくどう》では毎年夏にジャズやクラシックの音楽祭が開催《かいさい》され、たくさんの人が集まる。

ルイ・アームストロング・パーク（左）にはコンサートホールやオペラハウスもあり、
年間にわたって音楽祭やイベントが開催《かいさい》される。敷地内《しきちない》にはルイの銅像《どうぞう》も建《た》っている（右）。

歴史《れきし》ある建物《たてもの》が数多く残《のこ》るフレンチクォーター地区のジャクソンスクエアは、
地元のアーティストやミュージシャンが集まる場所になっている。

LET'S VISIT LOUIS ARMSTRONG

ルイ・アームストロングを旅しよう

ルイに音楽の喜《よろこ》びを教えた故郷《こきょう》

ニューオーリンズ

アメリカ合衆国《がっしゅうこく》、ルイジアナ州の最《さい》大《だい》都市。大河《たいが》ミシシッピ川がメキシコ湾《わん》に注ぐ三角州《さんかくす》にある港町です。ジャズ発《はっ》祥《しょう》の地として知られ、現在《げんざい》も、あちこちで音楽がひびきわたる町です。古くから黒人が多く住み、人種差別《じんしゅさべつ》に苦しめられる歴史《れきし》を歩んできました。2005年には巨大《きょだい》ハリケーンにおそわれ、町の約《やく》8割《わり》が水没《すいぼつ》する大被害《だいひがい》も受けましたが、音楽が人々《ひとびと》をささえてきました。春の祭り「マルディグラ」のカーニバルには、世界中から観光客《かんこうきゃく》がおとずれます。ルイの名をつけられた「ルイ・アームストロング・ニューオーリンズ国際《こくさい》空港」が、町の玄関口《げんかんぐち》になっています。

▼ マルディグラのカーニバル。

1949年、世界的《せかいてき》に有名な雑誌《ざっし》「タイム」の表紙に黒人であるルイの似顔絵《にがおえ》が採用《さいよう》されたのは異例《いれい》のことで、ジャズ音楽家としてもはじめての快挙《かいきょ》だった。

1956年、アメリカの親善《しんぜん》大使としてアフリカのガーナをおとずれたルイが、現地《げんち》の子どもにトランペットを贈《おく》ったところ。

ルイ・アームストロングが生きた時代 3　1939年〜

差別《さべつ》との戦《たたか》い
全米に広がる公民権《こうみんけん》運動

第二次世界大戦《たいせん》がはじまったのは、ルイが38歳《さい》の1939年です。ふたたび南部から数多くの黒人が、船や航空機《こうくうき》の工場などではたらくために北部や西海岸へと移住《いじゅう》し、黒人女性《じょせい》も多くやとわれるようになりました。やがて戦後《せんご》、アジア・アフリカ諸国《しょこく》が次々《つぎつぎ》と独立《どくりつ》をはたす中、アメリカの黒人は差別《さべつ》に対して戦《たたか》う行動を起こします。1955年にはアラバマ州で、黒人女性《じょせい》がバスの白人専用席《せんようせき》にすわり、運転手からの注意を拒否《きょひ》して逮捕《たいほ》されると、怒《おこ》った黒人たちは、マーティン・ルーサー・キング牧師《ぼくし》の指導《しどう》で、バスの乗車拒否《きょひ》という非暴力的《ひぼうりょくてき》な手段《しゅだん》で抵抗《ていこう》。その結果《けっか》、バスの人種隔離《じんしゅかくり》は憲法違反《けんぽういはん》だという判決《はんけつ》が下りました。

こうしたうねりの中、1963年に20万人もの国民《こくみん》が人種差別《じんしゅさべつ》の撤廃《てっぱい》を求《もと》めて首都ワシントンを大行進し、翌《よく》1964年、ついに平等な人権《じんけん》を保障《ほしょう》する公民権法《こうみんけんほう》が成立《せいりつ》したのです。ルイの『ハロー・ドーリー！』が世界的《せかいてき》ヒットを記録《きろく》した年です。しかし実際《じっさい》には差別《さべつ》が残《のこ》り、その解決《かいけつ》はむずかしいままでした。差別《さべつ》は21世紀《せいき》に入った現在《げんざい》でも、決してなくなったとは言えません。

1963年のワシントン大行進には、差別《さべつ》の撤廃《てっぱい》を求《もと》めて20万人以上《いじょう》の人が参加《さんか》した。
写真は、運動を主導《しゅどう》したキング牧師《ぼくし》。

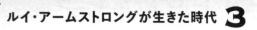

ルイ・アームストロング&ヒズ・ホット・ファイブのメンバー(1926年)。左端《ひだりはし》がルイ、右端《みぎはし》の女性《じょせい》はルイの2人目の妻《つま》でもあるピアニストのリル・ハーデン。

1930年代のニューヨークの有名なナイトクラブ「コットン・クラブ」。ルイやデューク・エリントンなど多くの黒人ミュージシャンが活躍《かつやく》したが、観客《かんきゃく》として店に入ることができるのは白人のみだった。

ルイ・アームストロングが生きた時代 2　1914年～

世界的戦乱《てきせんらん》の影響《えいきょう》で アメリカ北部へ黒人が大移動《だいいどう》

1915年から10年ほどの間に、南部の黒人がおおぜい北部に移住《いじゅう》しました。無差別《むさべつ》に暴力《ぼうりょく》をふるわれるような人種差別《じんしゅさべつ》から逃《のが》れるためでもありますが、大きな理由は第一次世界大戦《たいせん》のはじまりです。ルイが13歳《さい》の1914年、ヨーロッパで大戦《たいせん》がはじまると、ヨーロッパからの白人移民《いみん》が激減《げきげん》し、アメリカの工場労働《ろうどう》者《しゃ》がへったのです。軍用品《ぐんようひん》などを作って売るには労働者《ろうどうしゃ》が必要《ひつよう》で、その仕事を求《もと》めて南部の黒人が北部の大都市に移《うつ》りました。1917年にアメリカが参戦《さんせん》すると黒人も徴兵《ちょうへい》され、35万人もの兵士《へいし》が任務《にんむ》につきました。しかし戦地《せんち》でも白人に差別《さべつ》され、荷物運びなどつらい労働《ろうどう》をしいられています。

ルイが北部へ移住《いじゅう》したのは、戦後《せんご》の1922年。北部も白人優位《ゆうい》は変《か》わらず、隔《かく》離《り》されたくらしは南部と同様でした。そうしたあつかいは、ジャズで有名になったルイも変《か》わりませんでした。そんな隔離《かくり》の中、黒人は自分たちの生活に必要《ひつよう》なものを自分たちで生み出しました。病院も食料品店《しょくりょうひんてん》も飲食店も衣料品店《いりょうひんてん》も。そうしたビジネスが成功《せいこう》し、黒人が経営《けいえい》する企業《きぎょう》もふえていったのです。

第一次世界大戦《たいせん》のアメリカ兵《へい》たち（1918年）。
多くの黒人が徴兵《ちょうへい》され、海を渡《わた》ったヨーロッパで戦《たたか》った。

「有色人《じん》種《しゅ》用《よう》出入口」と書かれたアメリカの映《えい》画《が》館《かん》。かつてのアメリカでは、多くの施《し》設《せつ》で人《じん》種《しゅ》差《さ》別《べつ》がまかり通っていた。

1913年ごろ、少年院に入っていた時代のルイ(中央上)。

ルイ・アームストロングが生きた時代 1　1901年～

人種差別《じんしゅさべつ》が色こく残《のこ》るアメリカ南部で

アメリカで黒人奴隷制度《どれいせいど》がはじまったのは、イギリスから独立《どくりつ》する1776年以《い》前《ぜん》のことです。1500万人ものアフリカ人がアメリカ大陸《たいりく》に送られ、綿花《めんか》やサトウキビ栽培《さいばい》などの労働《ろうどう》をしいられました。ルイの故郷《こきょう》ニューオーリンズのように南部に黒人が多いのは、大規模《だいきぼ》な農場があったからです。やがて、北部を中心に奴隷制度《どれいせいど》はまちがいだとする考えが広まると、反対する南部の白人との間で戦争《せんそう》が起きました。北軍《ほくぐん》が勝利《しょうり》し、1863年に「奴隷解放宣言《どれいかいほうせんげん》」がなされましたが、その後も南部では黒人を隔離《かくり》するための差別的《さべつてき》な法律《ほうりつ》が作られ、黒人は土地を持てない、まともな仕事につけないなど、不当《ふとう》なあつかいを受けつづけました。

ルイの家が貧《まず》しく、祖母《そぼ》や母が白人家庭ではたらいたのもそのためです。電車やバスでは黒人と白人の席《せき》が明確《めいかく》に分けられ、白人専用《せんよう》の映画館《えいがかん》や食堂《しょくどう》などに黒人は入れず、町の水飲み場までが分けられました。20世紀《せいき》に入っても状況《じょうきょう》はほとんど変《か》わらず、ルイも子どものころ、電車で白人の席《せき》にすわってしかられたことがあります。祖母《そぼ》のつとめ先の白人家庭で白人の子たちと鬼《おに》ごっこをしたときにも、つねに鬼役《おにやく》にされたという子ども時代の思い出をルイは語っています。

綿花《めんか》工場ではたらく黒人奴隷《どれい》（1890年、アメリカ南部のミシシッピ州）。

スイングブームを起こした
ビッグバンドのリーダー

1899-1974年

デューク・エリントン

アメリカのジャズ作曲家、ピアニストであり、自身のビッグバンド「デューク・エリントン・オーケストラ」のリーダー。『A 列車で行こう』『スイングしなけりゃ意味ないね』など、数え切れない名曲をのこしました。ジョー・グレイザーのプロダクションに所属《しょぞく》。ルイと共演《きょうえん》したレコードも発表しています。死後も楽団《がくだん》は彼《かれ》の名をつけたまま活動をつづけています。

20世紀《せいき》を代表する世界的《せかいてき》指揮者《しきしゃ》

1918-1990年

レナード・バーンスタイン

世界的《せかいてき》に有名なアメリカの指揮者《しきしゃ》で、作曲家、ピアニストでもあります。ニューヨーク・フィルハーモニックというオーケストラの音楽監督《かんとく》をつとめました。ジャズをはじめ、さまざまなジャンルの音楽にくわしく、ルイとオーケストラの共演《きょうえん》でも指揮《しき》をとり、名誉《めいよ》なことだと語っています。作曲家として、不朽《ふきゅう》の名作『ウエスト・サイド物語』などミュージカル作品も多く手がけました。

ルイを世界的《せかいてき》スターにした敏腕《びんわん》マネージャー　1896-1969年

ジョー・グレイザー

1935 年からルイのマネージャーをつとめた人です。ルイみずから「あなたしかいない」とたのみ、マネージャーになってもらいました。ジョーは、ルイの専属《せんぞく》マネージャーとなり、デッカ・レコードという有名なレコード会社と契約《けいやく》。映画《えいが》の出演《しゅつえん》などの仕事も受け、ルイの人気を飛躍的《ひやくてき》に上げました。1940 年には、ルイだけでなく、デューク・エリントンやビリー・ホリデイなど、アメリカの有名なジャズミュージシャンが所属《しょぞく》したタレントプロダクション「ABC」を設立《せつりつ》。ルイの亡《な》くなる 2 年前に 72 歳《さい》でこの世を去りましたが、ルイにとっては家族同然《どうぜん》の親友でした。

アメリカの国民的《こくみんてき》スター

1903-1977年

ビング・クロスビー

アメリカの国民的《こくみんてき》歌手。ジャズをやるために大学を中退《ちゅうたい》し、白人ジャズバンドに歌手として参加《さんか》しましたが、のちにソロシンガーとなります。ぬくもりを感じる歌声の『ホワイト・クリスマス』は、あまりに有名。俳優《はいゆう》としても活躍《かつやく》し、ミュージカル映画《えいが》にも多く出演《しゅつえん》。自身の主演作《しゅえんさく》にルイに出てもらったことをきっかけに親友となり、映画《えいが》やレコードで共演《きょうえん》しました。

ニューオーリンズ1の
人気バンドのリーダー

1886-1973年

キッド・オリー

ルイの子ども時代、ニューオーリンズ１の人気だった「キッド・オリー楽団《がくだん》」のリーダーであり、ジャズトロンボーン奏者《そうしゃ》。ジョー・オリバーはじめ偉大《いだい》なジャズ音楽家を楽団《がくだん》で演奏《えんそう》させていました。ジョーがシカゴへ移《うつ》ったあと、その後任《こうにん》をルイにまかせ、のちにシカゴへ移《うつ》ってルイと再会《さいかい》。「ルイ・アームストロング＆ヒズ・ホット・ファイブ」に参加《さんか》しています。

ルイの永遠《えいえん》の師匠《ししょう》

1885-1938年

ジョー・オリバー

子どものころからルイがあこがれていたコルネット奏者《そうしゃ》です。ジョーは、ニューオーリンズのジャズバンド、キッド・オリー楽《がく》団《だん》のリーダー的存在《てきそんざい》で、ルイは「ジョーのコルネットは迫力《はくりょく》があり、だれのまねでもない、心からあふれだす彼《かれ》ならではの音楽だ」と言っています。ルイが少年院でコルネットを吹《ふ》きたいと思ったのも、ジョーの影響《えいきょう》でした。ジョーはルイにはじめてのコルネットをあたえ、吹《ふ》き方を教え、演奏《えんそう》の場も用意しました。シカゴの自分のバンドに呼《よ》びよせ、共演《きょうえん》する機会《きかい》もあたえています。ジャズ作曲家としても有名で、ルイとの演奏《えんそう》で知られる『ウエスト・エンド・ブルース』などの曲を残《のこ》しました。

ルイの才能《さいのう》を見ぬき、世界を広げた　1898-1971年

リル・ハーデン

ルイが23歳《さい》のときに結婚《けっこん》した、3歳《さい》年上の2人目の妻《つま》です。出会いはシカゴのジョー・オリバーのバンド。彼女《かのじょ》はピアニストでした。黒人大学のフィスク大で音楽を学び、音楽ビジネスの知《ち》識《しき》も豊富《ほうふ》な彼女《かのじょ》は、ルイの才能《さいのう》を開花させるため、ニューヨークへ送り出します。シカゴに呼《よ》びもどして自身のバンド結成《けっせい》をすすめたのもリルでした。14年の結婚《けっこん》生活を終えたのちもルイを気にかけ、部屋の壁《かべ》にはルイの写真をかざっていました。ルイの葬《そう》儀《ぎ》では、ルシール夫人《ふじん》のすすめで霊柩車《れいきゅうしゃ》に同乗しています。2か月後におこなわれた追悼《ついとう》コンサートのさなか、演奏中《えんそうちゅう》に突然《とつぜん》たおれて亡《な》くなりました。

ルイに安らぎをあたえつづけた最後《さいご》の妻《つま》　1914-1983年

ルシール・ウィルソン

ルイが41歳《さい》の年に結婚《けっこん》した4人目の妻《つま》。ニューヨークの「コットン・クラブ」という有名なナイトクラブで演奏《えんそう》したとき、ダンサーだった彼女《かのじょ》と出会いました。ルイのプロポーズのことばは「レッドビーンズ＆ライスは作れるかい？」。それはニューオーリンズの郷土《きょうど》料理《りょうり》で、ルイにとっては母の味でした。ルシールは家庭を大切にする人で、2人の家の隣人《りんじん》は、「彼女《かのじょ》はルイの母のような存在《そんざい》。彼《かれ》が子どものころからたえてきた苦労《くろう》の、ごほうびのような女性《じょせい》」と語っています。ルイの死後、家を国の史跡《しせき》としてのこすよう運動を起こし、みずからの死後は、資産《しさん》をルイ・アームストロング教育財団《ざいだん》に寄付《きふ》しました。

ルイを育てた、明るく強い母　1886-1927年

マヤン

　本名はメリー・アン。親しい人からはマヤンと呼《よ》ばれていました。ルイによれば「がっしりした女性《じょせい》で、素敵《すてき》な表情《ひょうじょう》と美しい魂《たましい》を持っていた」そうです。ルイが幼《おさな》いころに夫《おっと》とけんか別《わか》れしてからは、白人の家で洗《あら》い物などをしてわずかなお金をかせぎました。貧《まず》しい生活の中でも明るさを忘《わす》れず、自分が食べ物にこまっていてももっと貧《まず》しい人に分けあたえる人でした。「手に入らないものがあったって、それがどうだっていうのさ。他人が何を持っているのかなんて心配するんじゃないよ」というマヤンのことばを、ルイは生涯《しょうがい》忘《わす》れなかったそうです。ルイが26歳《さい》のとき、41歳《さい》の若《わか》さで亡《な》くなりました。

RELATIONSHIP CHART ✷ LOUIS ARMSTRONG

ルイ・アームストロングとかかわった人々《ひとびと》

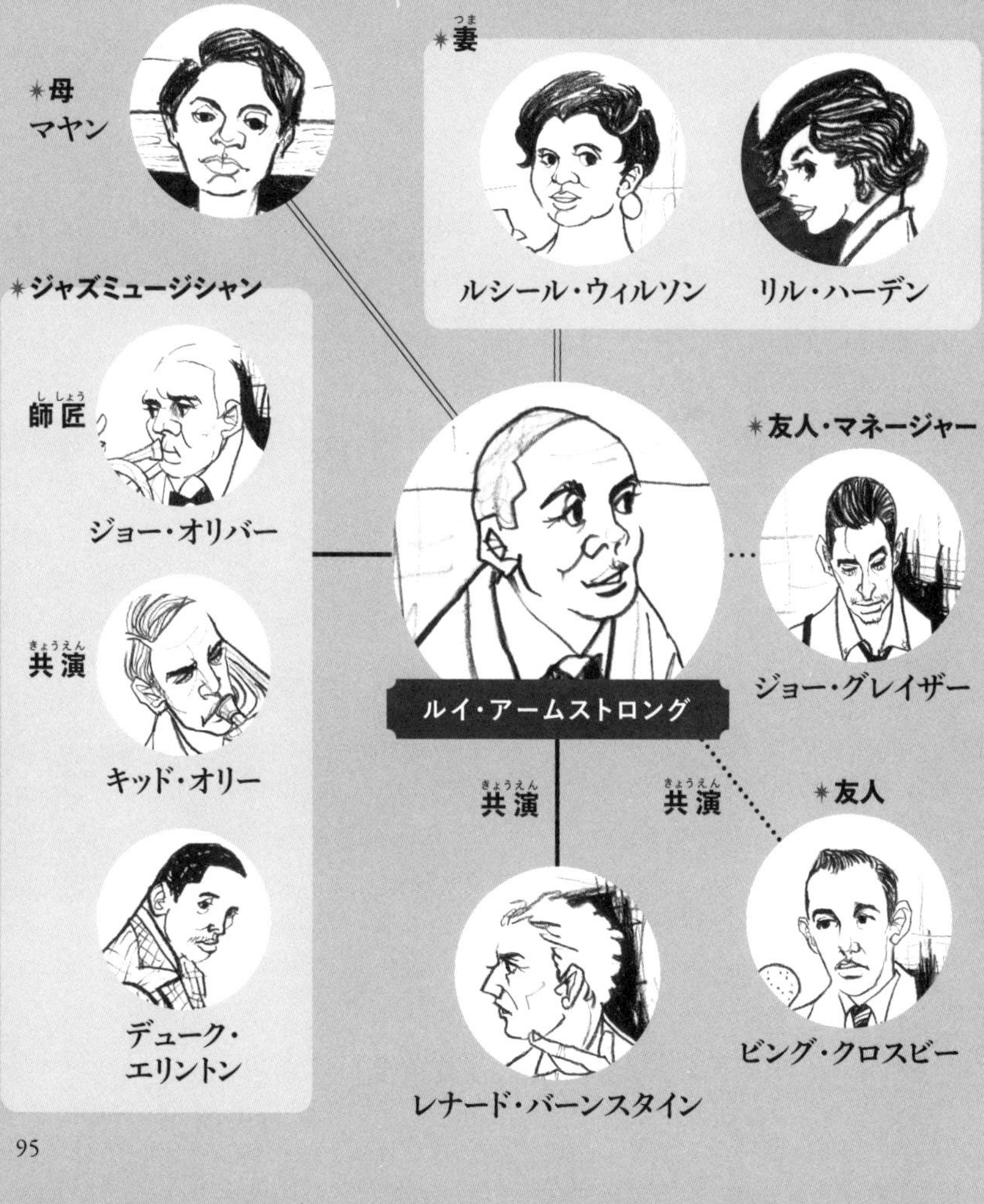

ピアノ

88の鍵盤《けんばん》で7オクターブも出せる楽器《がっき》。ジャズでは譜面《ふめん》がなく、伴奏《ばんそう》のもとになる和音(コード)の中で自由にひくことが多い。伴奏《ばんそう》やメロディーのほか、リズミカルな鍵盤《けんばん》さばきで曲を引っぱる役目もはたす。

代表的《だいひょうてき》な奏者《そうしゃ》　デューク・エリントン、カウント・ベイシー など

▲デューク・エリントン

ベース(コントラバス)

主に4本の弦《げん》を持つ大きな弦楽器《げんがっき》で、バンドの演奏《えんそう》でもっとも低《ひく》い音を担当《たんとう》する。クラシックでは弓でひくことが多いが、ジャズでは指で弦《げん》をはじいて音を出すことがほとんど。ウッドベースとも呼《よ》ばれる。

代表的《だいひょうてき》な奏者《そうしゃ》　レイ・ブラウン、チャールズ・ミンガス など

▲レイ・ブラウン

クラリネット

4オクターブ近くの広い音域《おんいき》と華《はな》やかな音色が特徴《とくちょう》の木管楽器《もっかんがっき》。ルイ・アームストロングをはじめとするニューオーリンズのスイングジャズでは、クラリネットも大活躍《だいかつやく》する。

代表的《だいひょうてき》な奏者《そうしゃ》　ベニー・グッドマン、ジョージ・ルイス など

ドラム

シンバルをふくむドラムセットを演《えん》奏《そう》する。ペダルをふんで音を出す、シンバルが2つ重なったハイハットを多用する。ロックとくらべるとおだやかな音を出すことが多く、リズムをきざんで曲のテンポを決める。

代表的《だいひょうてき》な奏者《そうしゃ》　ジーン・クルーパ、アート・ブレイキー など

▲ベニー・グッドマン(中央。クラリネット)の楽団《がくだん》。いちばん右がジーン・クルーパ(ドラム)

ジャズで活躍《かつやく》する楽器《がっき》

ジャズの演奏《えんそう》に使われる、楽器《がっき》の数々《かずかず》を紹介《しょうかい》します。
どの楽器《がっき》も主役にも脇役《わきやく》にもなりますが、これ以外《いがい》にもさまざまな楽器《がっき》が使用され、ギターやフルート、バイオリンなどが活躍《かつやく》することもあります。

♪ トランペット・コルネット

マウスピースから息を吹《ふ》きこみ、くちびるをふるわせて音を出す管楽器《かんがっき》。3つのバルブの押《お》し方で管《くだ》の長さが変《か》わり、音の高さが変《か》わる。ジャズでは、主にメロディーを担当《たんとう》し、高らかな音をひびかせる。

代表的《だいひょうてき》な奏者《そうしゃ》 ルイ・アームストロング、マイルス・デイビス(トランペット)、ジョー・オリバー(コルネット) など

▲▶トランペット(上)とコルネット(右)を吹《ふ》くルイ・アームストロング

♪ サックス

音域《おんいき》(音の高さ)によって複数《ふくすう》の種《しゅ》類《るい》があるが、ジャズではアルトサックスやテナーサックスがよく使われる。クラシックとはちがった吹《ふ》き方で音を自由にコントロールして、太く甘《あま》い独特《どくとく》の音色を出す。

代表的《だいひょうてき》な奏者《そうしゃ》 ジョン・コルトレーン、ソニー・ロリンズ など

▲ジョン・コルトレーン

♪ トロンボーン

スライドと呼《よ》ばれる、のびちぢみする管《くだ》を動かして音をコントロールする管楽器《かんがっき》。腹《はら》にひびくような低音《ていおん》を出す。力強く、あたたかみのある音色が特徴《とくちょう》で、伴奏《ばんそう》からメロディーまで、さまざまな役割《やくわり》をになう。

代表的《だいひょうてき》な奏者《そうしゃ》 グレン・ミラー、キッド・オリー など

▲グレン・ミラー

6 どんな相手にも誠意《せいい》をつくした

ルイは、どんな人も尊重《そんちょう》し、誠実《せいじつ》に付《つ》き合う人でした。3度目の来日の際《さい》の、日本を代表する歌手、美空《みそら》ひばりと交流したエピソードにも、その人柄《ひとがら》があらわれています。

ジャズも歌っていたひばりが「ルイに会いたい」と人づてにたのむと、ルイは自分から食事にさそってくれました。さらに、仕事の都合でどうしてもルイと会えなくなってしまったひばりに、心のこもった手紙を送っています。そこには、貧《まず》しい下町の出身で、子どものころから生きるために歌ってきたひばりが自分と似《に》ていると感じることや、「音楽はそういう人生から生まれるもののようだ」などと書かれていました。ひばりは、その手紙と、ともに贈《おく》られたサイン入りのレコードを、生涯《しょうがい》大切にしたそうです。

5

俳優《はいゆう》としてハリウッドでも活躍《かつやく》

ルイは、1936年アメリカ公開の『黄金の雨』以降《いこう》、いくつもの映画《えいが》出演《しゅつえん》をはたしています。『グレン・ミラー物語』や『上流社会』、コメディ映画《えいが》の『ヒットパレード』、実話をもとにした『５つの銅貨《どうか》』など、物語のタイプもさまざまです。その多くにルイは、ルイ本人の役で登場し、トランペットや歌を披露《ひろう》しているのも特徴《とくちょう》の１つでしょう。

たとえば『上流社会』では映画《えいが》の冒頭《ぼうとう》からルイが歌います。バスにゆられながらバンドのメンバーと、「これからダチの開《かい》催《さい》するジャズフェスティバルへ歌いに行くんだ。そいつはいいやつなんだが、ふさぎこんでいるらしい」と、これからはじまる物語を、大きな口に真っ白な歯を見せながら陽気に歌います。観客《かんきゃく》を楽しませ、一気に物語へ引きこむのがとても上手でした。

4 ボーカリストとしても大ヒット連発

ルイは歌手としても人気です。『ワット・ア・ワンダフル・ワールド(この素晴《すば》らしき世界)』や『ハロー・ドーリー！』のほかにも、『星に願《ねが》いを』や『バラ色の人生』『聖者《せいじゃ》の行進』など、ヒットを連発《れんぱつ》しました。彼《かれ》の声はとても低《ひく》く、ガラガラとしわがれた声でした。けれど、そのような声質《せいしつ》で歌う歌手はほかになく、曲によって、優《やさ》しさや憂《うれ》い、ユーモアなどを感じさせるなんともいえない魅力《みりょく》を持っていました。

ルイはまた、「シャバダバ」「ドゥビドゥバ」などと即興《そっきょう》で口ずさむスキャット唱法《しょうほう》をはじめました。声という楽器《がっき》を使った即興演奏《そっきょうえんそう》です。楽譜《がくふ》の枠《わく》にとらわれない自由な歌に、人々《ひとびと》は夢中《むちゅう》になりました。

3 トランペットの演奏《えんそう》に革命《かくめい》を起こした!

ジャズという音楽には、思わず体をゆらしてしまう「スイング」感が欠《か》かせませんが、特徴《とくちょう》はそれだけではありません。何かが心に引っかかって気持ちが晴れないような「ブルーノート」、自由に即興《そっきょう》で奏《かな》でる「アドリブ」、音を無理《むり》に曲げる「ベント」や、しゃがれた声のように楽器《がっき》をうならせる「グロウル」など、楽器《がっき》や歌声ひとつで、さまざまな表現《ひょうげん》をします。その演奏法《えんそうほう》のどれもが、ルイが生み出したものでした。

ルイが24歳《さい》の年に生まれた世界的《せかいてき》ジャズトランペット奏者《そうしゃ》のマイルス・デイビスは、「ルイがいなければ、わたしは何もできなかった。ラッパを吹《ふ》いたら、必《かなら》ずルイがやった何かが出てくる」と語っています。それほどルイは新しいものを作り出した音楽家で、あとにつづく人に大きな影響《えいきょう》をあたえました。

2 故郷《こきょう》の国際《こくさい》空港の名前になった！

アメリカでは有色人種《じんしゅ》への差別《さべつ》が根強く、ルイも差別《さべつ》される人生を歩みました。貧《まず》しいくらしを送り、教育も受けられず、銃《じゅう》を撃《う》って逮捕《たいほ》されるなど、投げやりになってもおかしくない幼少期《ようしょうき》をすごしています。そんな境遇《きょうぐう》にもかかわらず、ルイの音楽は白人社会でも大人気になりました。対立ではなく協調《きょうちょう》をめざしたルイの生き方は、黒人から「白人にへつらって成功《せいこう》した」とねたまれたこともありました。それでもルイはつらさを顔に出さず、音楽を愛《あい》し、それにささえられて生きたのです。

ルイの死後、生誕《せいたん》100周年《しゅうねん》を記念《きねん》して故郷《こきょう》の空港が「ルイ・アームストロング・ニューオーリンズ国際《こくさい》空港」と名を変《か》えました。今も人種差別《じんしゅさべつ》がのこるアメリカ南部で黒人の名が空港についたのは、ルイが逆境《ぎゃっきょう》に負けなかった証《あかし》です。

OH! AMAZING! ✷ LOUIS ARMSTRONG

ここがすごい！
ルイ・アームストロング

1 世界中を熱狂《ねっきょう》させた「ジャズの王様」

ジャズはもともと、ルイの故郷《こきょう》ニューオーリンズの地方音楽でした。アフリカのリズムを愛《あい》する黒人と、ヨーロッパの音楽を持ちこんだ白人の歴史《れきし》や文化、感情《かんじょう》が入りまじった音楽といえます。初期《しょき》のジャズは調和のとれた合奏《がっそう》が中心でしたが、ルイは枠《わく》にとらわれない即興《そっきょう》や奏法《そうほう》、そして体をゆり動かされるような「スイング」感を取り入れることで、ジャズを完成《かんせい》させたのです。また、ルイは録音《ろくおん》技術《ぎじゅつ》が大きく発達《はったつ》した時期に活躍《かつやく》し、生涯《しょうがい》に1000以上《いじょう》の演奏《えんそう》を録音《ろくおん》しています。それもジャズを世界に広めることにつながりました。

Q10
答え
1

ビングは「わたしのキャリアの中でもっとも幸せだったのはルイと仕事をしたとき」と語っています。ビングは23歳《さい》のときにルイのステージをはじめて見て、その情熱的《じょうねつてき》な演奏《えんそう》とユーモアあふれるショーマンシップに感動。ルイからの学びを自分に取りこもうとしました。

Q11
答え
2

18歳《さい》で最初《さいしょ》に結婚《けっこん》したのは酒場で出会ったデイジー・パーカー。美人のデイジーに恋《こい》をしたルイですが、結婚《けっこん》生活はうまくいかず数年で離婚《りこん》。次の妻《つま》がシカゴで出会ったリル・ハーデン。その後、アルファ・スミスと37歳《さい》で結婚《けっこん》。そして最後《さいご》の妻《つま》がルシール・ウィルソンです。

Q12
答え
2

昔からアメリカ南部の黒人の間で食べられてきた豆のシチューがルイのおふくろの味。赤インゲンマメをソーセージやハムなどと煮《に》こんでごはんにかけて食べるのが、レッドビーンズ&ライスです。また、演奏《えんそう》旅行で来日したときは、楽屋でラーメンやチャーハンをおいしそうに食べていました。

Q13
答え
3

ルイとバンドがガーナの空港に降《お》り立つと、人々《ひとびと》は母国の音楽家E.T.メンサーの『オール・フォー・ユー』を演奏《えんそう》して大歓迎《だいかんげい》。ルイたちもともに演奏《えんそう》し、集まった人々《ひとびと》を喜《よろこ》ばせました。演奏会《えんそうかい》にはエンクルマ大統領《だいとうりょう》も出席《しゅっせき》。ルイは『ブラック・アンド・ブルー』という曲をささげています。

Q14
答え
1

ロックの全盛期《ぜんせいき》、ジャズは古いと考える人もいましたが、ルイはその偏見《へんけん》を打ちやぶりました。『ハロー・ドーリー!』を歌うときはいつも、聴衆《ちょうしゅう》の拍《はく》手《しゅ》に合わせて体を動かしたり、いろいろな表情《ひょうじょう》を作ったり、みんなが喜《よろこ》ぶ歌い方をしました。「百万回も歌っただろう」とふり返っています。

Q5
答え
1

ベニー・グッドマンは、ルイより8歳《さい》年下のクラリネット奏者《そうしゃ》。ビッグバンドのリーダーです。シカゴで貧《まず》しいロシア系移民《けいいみん》の家に生まれたベニーは、黒人の音楽家を自分のバンドに採用《さいよう》し、人種差別《じんしゅさべつ》が根強いアメリカで黒人と白人を同じ楽団《がくだん》で演《えん》奏《そう》させた先駆者《せんくしゃ》でした。

Q6
答え
2

スイング（swing）は、英語《えいご》で「ゆれる、ふる」という意味です。そのリズムに思わず体が乗ってゆれてしまうような、軽快《けいかい》なジャズのスタイルを、こう表現《ひょうげん》しています。スイングは、ニューオーリンズのジャズから生まれ、ルイが完成《かんせい》させたといっても過言《かごん》ではありません。

Q7
答え
2

ルイがはじめてスキャットを録音《ろくおん》した曲は、1926年の『ヒービー・ジービーズ』。この録音《ろくおん》のとき、ルイは歌詞《かし》カードを落としてしまいましたが、ディレクターがそのまま歌うよう指示《しじ》。当時は音をきざむ録音盤《ろくおんばん》が高価《こうか》で、むだにできなかったのです。とっさに口から出たのがスキャットでした。

Q8
答え
3

口の大きなルイには「サッチェル・マウス（かばんのがま口）」という愛称《あいしょう》がありました。イギリスで音《おん》楽誌《がくし》の記者がそう呼《よ》びかけると、ルイには「サッチモ」と聞こえ、それが世界で通用するルイの愛称《あいしょう》となったのです。「サッチ・ア・マウス！（なんて大きな口だ！）」が由来だとする説《せつ》もあります。

Q9
答え
1

パリに滞在《たいざい》中ルイは『明るい表通りで』という曲を録音《ろくおん》しました。だんだん高音になり、最後《さいご》は最高音《さいこうおん》を高らかに吹《ふ》くエンディングは、パリで影響《えいきょう》を受けたと思われるオペラの歌い方のようです。以来《いらい》このスタイルは、ルイのシンボル的《てき》な演奏法《えんそうほう》の1つになりました。

クイズでわかる！ルイ・アームストロング

答えと解説《かいせつ》

Q1 答え 3

ニューオーリンズはジャズ発祥《はっしょう》の地。ルイは子ども時代をふり返り、「わたしはニューオーリンズで、本当に楽しい時間をすごしました。貧乏《びんぼう》でしたが、まわりはミュージックでいっぱいでした」と語っています。ルイ以外《いがい》にも有名なジャズ音楽家をたくさん輩出《はいしゅつ》しており、現在《げんざい》でも、ジャズ好《ず》きの人には聖《せい》地《ち》のような町です。

Q2 答え 2

コルネットはトランペットとよく似《に》た金管楽器《きんかんがっき》です（→97ページ）。息を吹《ふ》きこみくちびるを振動《しんどう》させて音を出します。3つのバルブを組み合わせて操《そう》作《さ》することで管《くだ》の長さを変《か》え、ちがう音を出します。明るく力強い音を出すトランペットにくらべてやわらかな音で、ほかの楽器《がっき》ともよく調和します。

Q3 答え 3

オリバーは不遇《ふぐう》な晩年《ばんねん》を送り、ジョージア州で小さな野菜《やさい》の売店ではたらいていましたが、ルイが会いに行くと変《か》わらず喜《よろこ》び、その晩《ばん》のルイの演奏《えんそう》を、質屋《しちや》から出したとっておきの上等な服を着て聴《き》きに来たそうです。ルイは「彼《かれ》にはスピリットがある」と、オリバーをずっと尊敬《そんけい》していました。

Q4 答え 1

当時のミュージシャンは兼業《けんぎょう》が当たり前。ルイは石炭置《お》き場でカートに石炭を積《つ》む仕事をしました。巨大《きょだい》なシャベルで1日5カート積《つ》み、カート1杯《ぱい》ごとに15セント、1日75セントもらえました。その後、石炭を客の家の石炭置《お》き場まで配達《はいたつ》したそうです。石炭は当時の燃料《ねんりょう》でした。

Q 12

ルイが愛《あい》した、故郷《こきょう》ニューオーリンズの料理《りょうり》は?

1. フライドポテト
2. レッドビーンズ＆ライス
3. ジャンバラヤ

Q 13

アメリカの親善《しんぜん》大使としてルイがおとずれ、大歓《だいかん》迎《げい》を受けた国はどこ?

1. 南アフリカ共和国《きょうわこく》
2. モロッコ
3. ガーナ

Q 14

1964年、ルイの『ハロー・ドーリー!』が全米チャート1位をうばうまで、14週にわたって1位《い》を独占《どくせん》していたのは?

1. ビートルズ
2. ローリング・ストーンズ
3. マイルス・デイビス

Q9

ルイが1934年に長期滞《たい》在《ざい》したのはどこ?

1. フランスのパリ
2. イギリスのロンドン
3. アメリカのロサンゼルス

Q10

ルイがハリウッド映画《えいが》で共演《きょうえん》し、親友となった大スターはだれ?

1. ビング・クロスビー
2. チャールズ・チャップリン
3. ジェームズ・ディーン

Q11

ルイは生涯《しょうがい》に何回結婚《けっこん》した?

1. 2回
2. 4回
3. 6回

Q 6

ルイの時代から現代《げんだい》のジャズまでつづく、自由で軽快《けいかい》なリズムが特徴《とくちょう》の音楽のスタイルを何という?

1. ロックンロール
2. スイング
3. シャッフル

Q 7

ルイがはじめたといわれる、「バババズジー」「シュビドゥバー」などと意味のないことばを即興《そっきょう》で歌う唱法《しょうほう》を何という?

1. ラップ
2. スキャット
3. シャウト

Q 8

ルイの愛称《あいしょう》「サッチモ」はどんな意味?

1. サタデー・モーニング(土曜日の朝)
2. サッチ・ア・マジカル(魔法《まほう》のような)
3. サッチェル・マウス(かばんのがま口)

Q3

ルイが父のように慕《した》い、尊敬《そんけい》したコルネット奏者《そうしゃ》はだれ？

1. デューク・エリントン
2. キッド・オリー
3. ジョー・オリバー

Q4

音楽だけでは食べていけなかった下《した》積《づ》み時代にルイがおこなっていた仕事は？

1. 石炭運び
2. 郵便配達《ゆうびんはいたつ》
3. 酒場の店員

Q5

シカゴで人気を集めたルイのバンドを見に来た大物ミュージシャンは？

1. ベニー・グッドマン
2. フランク・シナトラ
3. エラ・フィッツジェラルド

Q AND A ✴ LOUIS ARMSTRONG

クイズでわかる！ルイ・アームストロング

Q1

ルイの故郷《こきょう》である、「音楽にかこまれた町」はアメリカのどこ？

1. シカゴ
2. ニューヨーク
3. ニューオーリンズ

Q2

ルイがはじめて本格的《ほんかくてき》に練習し、演奏《えんそう》した楽器《がっき》は？

1. トランペット
2. コルネット
3. トロンボーン

ルイ・アームストロングのことばと人生

資料編《しりょうへん》

監修　外山喜雄・外山恵子 Toyama Yoshio・Toyama Keiko

喜雄氏は1944年、東京生まれ。日本ルイ・アームストロング協会会長。恵子氏（1942年生）と早稲田大学で出会い、結婚後ニューオーリンズで5年ジャズ修業。帰国後、デキシーセインツを結成（喜雄氏はトランペットと歌、恵子氏はバンジョーとピアノ）。東京ディズニーランドの開園から2006年まで23年間人気バンドとして演奏。2018年「文部科学大臣表彰」、同年米国で「スピリット・オブ・サッチモ賞生涯功労賞」受賞。

編集	株式会社アルバ
装画・挿画	ミキワカコ
イラスト	光嶋フーパイ
文	金田妙
校正	ペーパーハウス
写真協力（掲載順）	アフロ、ルイ・アームストロング・ハウス博物館、Adobe Stock、Shutterstock、佐藤有三、リーブル、博雅堂出版、KADOKAWA、オークラ出版、筑摩書房、冬青社、ソニー・ミュージックレーベルズ、ユニバーサル・ミュージック・ジャパン、NBCユニバーサル・エンターテイメント

心を強くする！　ビジュアル伝記09

ルイ・アームストロングのことばと人生

2024年4月　第1刷

発行者	加藤裕樹
編集	柾屋洋子
発行所	株式会社ポプラ社 〒141-8210 東京都品川区西五反田3-5-8 JR目黒MARCビル12階 ホームページ www.poplar.co.jp
印刷・製本	中央精版印刷株式会社
装丁・本文デザイン	bookwall

ISBN978-4-591-18104-1 N.D.C.289／112p／19cm Printed in Japan

P7234009